타임머신 이야기

시간의 패러독스
time paradox

圖書出版 明文堂

타임머신 이야기

시간의 패러독스

개정판 인쇄일 / 2024년 04월 05일
개정판 발행일 / 2024년 04월 12일

☆

지은이 / 츠즈키 타쿠지
엮은이 / 홍영의
펴낸이 / 김동구
펴낸데 / 🖋明文堂

(창립 1923년 10월 1일 창립 100주년)
서울특별시 종로구 윤보선길 61(안국동)
우체국 010579-01-000682
☎ (영업) 733-3039, 734-4798
(편집) 733-4748
fax. 734-9209
e-mail : mmdbook1@hanmail.net
등록 1977. 11. 19. 제 1-148호

☆

ISBN 979-11-985856-0-8   03740

☆

값 18,000원

머리말

　타임머신이란 도구는 SF 애호가는 물론 그렇지 않은 사람에게도 상당히 알려져 있는 공상 상의 산물이다.

　이 세상 속은 가로 세로 높이의 3방면으로 끝없이 퍼져 나가 있는 공간과, 과거에서 미래에 걸쳐 이 또한 끝없이 계속되는 시간으로 이루어져 있다. 공간 내의 이동은 용이하다. 인간의 발, 자전거, 자동차, 지하철, 비행기, 나아가서는 로켓까지 나와서 가고 싶은 지점에 도달할 수가 있다.

　경제적인 이유로 해외여행은 무리지만, 인간의 화성탐험(2001년 4월 미국의 무인 화성탐사선 『오디세이(Odyssey)』가 발사되었고 그 뒤 미 항공우주국(NASA)의 화성탐사 로봇 큐리오시티(Curiosity)가 2011년 11월 26일 미국 플로리다 주 케이프커내버럴 공군기지에서 발사되었으며 2012년 8월 6일 화성의 게일 크레이터(Gale Crater)에 착륙하였다. 인간의 행동반경은 현실적으로는 한정되어 있지만, 이것은 어디까지나 이 세상적인 문제이지, 이론상으로는(다시 말해서 물리학적인 이론상으로는) 공간 내의 움직임을 방해하는 것은 아무것도 없다.

　그런데 시간이라면…… 사정은 전혀 달라진다. 당신이나 나나, 시골에 계신 부모님이나 해외에 출장 보낸 연인도 같은 시각에 있고, 동일 속도로 시간의 흐름에 따르고 있는 것이다. 이 시간에 관해서는 빈부의 차도 없거니와 체력의 차로 인한 다과(多寡)도 나타나지 않는다.

　공간 이동이 가능하다면 시간여행도 해보고 싶다고 생각하는 것은 상상의 발전이며, 이것이 이야기로 되었을 때 타임머신이 등장한다. 그리고 현재로서는 타임머신은 SF소설의 전형의 하나로 되어 있다.

공간 쪽은 원이라든가, 삼각형이라든가, 직관적으로 파악하기 쉽기 때문에 이해하기에 별로 곤란을 느끼지 않는다. 그러나 시간이 되면 누구나가 항상 경험(?)하고 있는 사항임에도 불구하고 이에 대해서 자연과학적 입장에서 해명해 달라고 한다면 아주 곤란해지고 만다. 다시 말해서 그것을 역으로 말하면, 시간 쪽은 그대로 알려지지 않은 채로 방치되고, 수수께끼인 채로 남겨져 있는 분야가 있다는 것이다.

이 불가사의한 『시간』이라는 것에 대해서 편집자로부터 부디 해설서를 써 달라는 요청을 받았다. 타임머신을 주제로 하면 어떻겠느냐는 것이다.

솔직히 말해서 필자는 타임머신 같은 것을 과학적으로 다룰 수 있겠느냐고 일소에 부쳤다. 아인슈타인의 상대성이론에서는 확실히 시간과 공간을 동일 자격으로 기술하고 있다. 그러나 빛을 가지고 최고 속도로 하는 상대론은, 그것은 그 때까지 정리된 이론체계이며, 거꾸로 해서 흔들어 본들 타임머신이라는 놀이(?)가 나올 리가 없다고 생각한 것이다.

그런데 그 후 여러 가지 문헌을 조사해 보니 초광속 입자라는 것이 이론물리에서뿐만 아니라 실험학자들 사이에서도 문제로 삼고 있다는 것을 알고 크게 놀라 아울러 스스로 배우지 않았음을 부끄러워하게 되었다.

빛보다 빠른 것은 이 세상에는 절대로 있을 수 없다고 완고하게 믿고 있던 자신의 보수성(?)에 대해 자기비판의 부득이함에 이르렀다. 만일 초광속 입자가 있다면 여하간 지금까지의 물리학의 기초 이론은 근본부터 고쳐 생각하지 않으면 안 될 것이다.

이 책은 이상과 같은 경위로 쓰인 것이며, 필자도 자신의 어리석음에 대해 속죄하는 마음으로 펜을 재촉했다.

그렇다고는 하지만, 본문에서도 기술한 바와 같이 초광속 입자의 존재는 아직 실험적으로 확인되지 않았다. 이에 대한 이론, 실험의 정식적인 논문도 손꼽을 수 있을 정도의 건수밖에 없다. 초광속 입자는 혹여 전의 상대론 이전의 에테르[ether : 빛의 파동설에서 존재가 가정된 빛의 매질. 1678년 크리스티안 호이겐스(Christiaan Huygens)가 가정했지만, 아인슈타인의 상대성이론의 출현으로 존재가 부정되었다]와 같이 환영(幻影)으로 끝날지도 모른다.

그렇다면 그것으로 좋은 게 아닐까? 많은 사람들에 의해 문제가 된 테마는 결국에는 다른 형태로 결실을 거둘 수도 있을 것이다.

아무튼 이전의 필자와 마찬가지로 빛보다 빠른 것 따위는 절대로 있을 수 없다고 완고하게 믿고 있는 사람들에게—비판의 여지가 있겠지만—부디 일독해 주기를 바라는 마음이나.

— 츠즈키 타쿠지

시간의 패러독스
time paradox

차 례

프롤로그

prologue

─ 시간의 망원경 ─

Le pont de nos bras passe
Des étemels regards l'onde si lasse
Vienne la nuit sonne l'heure
Les jours s'en vont je demeure

우리들이 팔 밑의 다리 아래를
지쳐 버린 무궁한 시간이 흐른다.
태양아, 저물어라. 종도 울려라.
세월은 가고 나는 남는다.
　　　　　　－ 기욤 아폴리네르

그 사건 이래 10여 년 이상이 경과했다. 10여 년의 세월을 길다고 느끼는지 짧다고 생각하는지는 사람에 따라 각기 다를 것이다. 이 10여 년이라는 연월(年月)이 특별한 의미를 가지고 있는 것은 아니다. 다만 왠지 모르게 이쯤에서 진상을 기술해도 되지 않을까……. 문득 그런 기분이 된 것이다.

그 사건이 일어나고, 게다가 그와 같은 이상한 일이 일어나지 않았더라면 오늘의 나는 없다. 내가 현재까지도 이렇게 오래 살고 있을 수 있는 것도 여기에 16쪽의 퇴색한 신문지 덕분이다. 그러나 이 신문지를 증거로 자기가 경험한 이상한 이야기를 해도 과연 몇 사람이나 믿어 줄까?

요점만을 간추려서 기술하도록 하자. 당시 나는 삿포로에 있는 한 대학에 출장 나가 단기간의 집중 강의를 하고 있었는데, 그 날은 현지에서의 수업도 전부 마치고 치토세(千歲) 공항에서 하네다로 가려고 하고 있었다. 언제까지나 결코 잊을 수 없는 날―1987년 2월 4일의 오후였다.

비행기표 예약도 마쳤고, 출발 시각까지는 2시간 정도 여유가 있었기 때문에 할 일이 없어 공항 빌딩 안을 산책했다. 그다지 넓지 않은 건물 안은 눈 축제 구경을 마치고 도쿄로 돌아가는 단체 관광객으로 혼잡을 이루고 있었다.

토산품 판매장을 걷기도 하고, 식당 앞에 멈추어 서 있거나 하는 사이에 그 날은 아침부터 신문을 보지 않았다는 것을 깨달았다. 언제나 도쿄에서는 출근하는 도중에 역 가두 판매장에서 신문을 사곤 했다. 아무튼 나는 신문을 샀다.

그런데 공항의 어느 장소에서 어떤 사람에게서 샀는지 지금까지도 기억이 애매하다. 아무래도 할머니와 같은 사람에게서 산 것 같기도 하지만, 습관적으로 하는 동작이라는 것은 나중에 생각해도 생각나지 않는 것이 있다.

그러고 나서 얼마 동안 빌딩 내의 안내판을 보기도 하고, 여기저기 기웃 기웃거리며 스키대회의 포스터를 바라보거나 하면서 겨우 대합실의 빈 좌석을 발견하고 털썩 주저앉아 아까 산 신문을 펼쳐들었다.

그런데 별다른 기사가 없나 하고 신문을 펼치고는 놀랐다.

『제트 여객기 하네다 앞바다에서 추락!
133명의 생명이 절망적. 착륙 직전에 바다 속으로
국내 최대의 항공기 사고』

이 기사에 이어서

『19구의 시신(屍身)과 기체(機體) 발견
추락 지점은 하네다 공항에서 14킬로미터 떨어진 도쿄 만』이라고 나와 있고, 슬퍼하는 유족의 표정이 큰 사진으로 실려 있다.

4일에 제작된 5일자 신문

이것은 참사(慘事)다. 이미 텔레비전에서도 보도되었겠지만 보지 못했던 모양이다. 대체 어느 코스의 편이었는지 다시 한 번 찬찬히 확인해 보니, 아니 치토세 발 하네다 행이 아닌가! 그 순간 깜짝 놀라 손목시계를 들여다보니 내가 예약하고 있는 편과 같은 시각의 것이다.

위험한 순간이었다. 하루 차이로 나는 도쿄 만에 처박힐 뻔했다. 만일 삿포로에서의 일정을 좀 더 일찍 마쳤더라면 나는 어떻게 되어 있을지 모른다.

신문을 파고 들 듯 들여다보면서 내 운이 좋았다는 것을 생각하고 있었다. 그러다 문득 무거운 머리를 들었다. 멍하니 대합실의 사람들을 둘러보고 뭔가 묘한 느낌이 들었다. 이상하다, 분명히 이상해! 어제의 일이라 하지만, 이 대사건ㅡ게다가 치토세 발 항공기의 추락이라는 참사와, 선물을 안고 귀로에 오르는 승객의 태평스런 분위기가 조금도 걸맞지 않은 것이다.

이럴 리가 없다고 아무리 생각해도 머릿속이 분명치 못하다. 도대체 이게 어떻게 된 일인가? 나 혼자만이 흥분하고 있는 것 같다.

벌떡 일어서서 매점이 늘어서 있는 복도를 걸어 보았다. 토산품을 파는 여점원의 거동을 자세히 바라보았다. 사무실이 보이는 방의 문을 밀고 드나들고 있는 제복을 입은 스튜어디스의 얼굴도 바라보았다.

비행기 사고로 100명 이상이 사망했다는 표정은 어디에도 없다. 안절부절못하고 있는 것은 나 자신뿐이다. 그렇다면 내 머리가 이상해진 것일까?

무엇에 홀린 것처럼 붐비는 사람들 속을 돌아다닌 끝에 다시 한 번 천천히 신문 지면을 확인해 보고 싶어졌다.

전 페이지를 훑어보니 놀랍게도 9면, 10면 게다가 마지막 16면이 완전히 공백이다. 이렇게 지독한 낙장 된 신문은 본 적이 없다.

그러나 그 밖의 페이지는 보통 신문과 조금도 다름이 없다. 1면이나 사회면은 항공기 추락이 크게 보도되어 있고, 그 밖에 외신면이나 문화면 등 평소 때와 똑같이 틀림없는 신문이다.

그렇다면 공백 페이지는······. 나는 매일 아침 역 가두에서 사는 신문을 생각해 보았다. 마지막 페이지는 분명히 지방판이다. 9면만은 텔레비전과 라디오 프로가 게재되어 있었던 것 같다. 10면만은 아무리 생각해도 알 수 없었다. 아무래도 로컬판(텔레비전 프로는 지방에 따라서 다르기 때문에 로컬판이다)이 인쇄 누락된 신문을 산 모양이다. 어쩌면 오래된 것을 산 것은 아닐까 하고 그 때 비로소 날짜를 보았다.

2월 5일 토요일······대체 오늘이 며칠이야? 재킷 안주머니의 수첩을 꺼내서 요일표를 보고 더듬어 보았다. 몇 번 계산해 봐도 오늘은 1987년 2월 4일 금요일이 되지 않으면 안 된다.

작년 신문인가? 아니다. 틀림없이 1987년이라 찍혀져 있다. 그렇다면 내일 배달될 신문이 어떤 차질이 있어 가두에 나오게 된 것일까? 있을 수 있는 일이지만 그렇다면 이 기사는 어떻게 된 건가? 오후 7시에 추락, 그리고 지금은 아직 4시를 조금 지났을 뿐.

누군가의 장난인가? 장난 치고는 너무나 엄연하다. 비록 낙장은 있다지만, 다른 기사까지 이렇게 정확히 나열할 수는 없을 것이다.

그리고 이 신문을 내게만 팔았다 해서는 장난으로서 아무런 의미도 없다. 그런 어리석은 신문은 이제부터 일어날 일을 어떻게 알고 있는가?

왜 그때 신문을 보고 크게 아우성치지 않았던가 하고 비난받을지도 모른다. 분명히 이제 와서 생각해 보니 그렇게 해야 했었는가, 그것은 결과론이라는 것이 아니겠는가? 나로서는 도저히 그런 용기—혹은 결단력—가 없었다. 대체 이 신문 자체가 이유를 알 수 없는 것이다. 이 묘한 신문을 가지고, 게다가 그 기사를 읽어버린 자신이 마치 범죄자처럼 생각되었다.

그래……그 때는 분명히 냉정한 판단력이 결여되어 있었다. 출발을 알리는 아나운서멘트가 대합실에 방송될 때까지 그저 혼자서 안절부절 못할 뿐이었다. 그리고 그 여객기의 승객들이 줄을 이어 게이트를 지나갈 때 무서운 장소에서 도망치는 기분으로 삿포로 거리로 되돌아 나가고 말았다.

그리고 그 다음에 어떤 일이 일어났는지는 신문이나 텔레비전에서 상세하게 보도되었으니 말할 필요는 없을 것이다. 그 신문에 게재되어 있는 대로 된 것이다. 국내의 많은 사람들이 텔레비전 뉴스를 보고 있을 무렵, 나는 삿포로 역 뒤의 한 여관방에서 머리에서부터 이불을 뒤집어쓰고 있었다.

마침내 도쿄로 돌아가 근무처인 대학에 출근했을 때는 동료나 학생들로부터 『정말 운이 좋았군요!』하는 말을 들었다. 걱정을 끼친 사람들에 대해 단순히 예정되었던 비행기를 늦어 타지 못했다고만 말해 둔 것이다.

왜 진상을 말하지 않았던가 하고 생각할지도 모른다. 있는 그대로를 말해도 아무도 믿지 않을 것이라는 게 하나의 이유다. 그 신문도 지금으로서는 증거가 되지 않는다. 이것을 사건 전에 손에 넣었다는 말을 하면 일소에 부칠 뿐이다.

그러나 진상을 얘기하지 않은 진짜 이유는 자기 자신의 비겁함에 있는 것이다. 나는 백여 명의 생명을 구할 수가 있었던 것이었다. 그런데 나 혼자만 살아 있다. 이런 비겁한 자기를 사람들 앞에 공개할 용기가 없다.

그리고 몇 개월이 지났다. 내 마음은 안정되지 않았다. 이윽고 사건의 쇼크에서 겨우 벗어났을 때, 어떻게 그 시각에 그 신문이 있었는지……어떻게 해서든 밝혀내야겠다고 마음먹었다.

예의 그 신문만은 수중에 있다. 우선 이것을 단서로 행동을 개시했다. 공백으로 된 게 10면인데, 도서관에서 조사한 결과 여기에는 도내의 유명한 백화점의 전면광고가 실려 있었다. 다시 말해서 공백 부분의 전부가 로컬판인 것이다.

친구의 소개로 이 신문사 기자를 만날 수가 있었다. 물론 진상은 덮어놓고 이런 낙장의 신문이 발견되었는데, 이에 대해 무슨 짐작가는 것이라도 하고 말을 꺼내자, 기자는 친절하게 가르쳐 주었다.

『우리 회사에서는 지방판은 별도로 하고 지면을 만드는 것은 일본에 4개소 도쿄, 오사카, 나고야, 기타큐슈에 있습니다. 같은 사건을 다루어도, 예를 들면 도쿄판과 오사카판에서는 상당히 다르게 됩니다.

왜 낙장이 생겼는지는 나도 모르겠지만, 아무래도 도쿄 본사에서 나온 것이라고는 생각할 수가 없습니다. 본사에서는 지방판도 함께 찍고 있으니까요.

인쇄된 신문이 옛날에는 4개의 본사에서만 발송되었었는데 현재는 그렇지 않습니다. 예를 들면 홋카이도입니다. 그 많은 신문을 공수할 수는 없기 때문에 열차에서 연락선으로 옮겨 운송하다 보면 아무래도 기사가 늦어집니다.』

『확실히 홋카이도에서는 옛날 얘기지만, 프로 야구를 보고 현지 신문에서는 어제의 시합이, 도쿄 신문에는 그저께의 시합이 게재되어 있어서 당황한 적이 있습니다.』

『그렇습니다. 그래서 현지 신문에 대항하기 위해 고안된 것이 팩시밀리라는 신병기(新兵器)입니다.』

『들어 본 적이 있습니다. 다시 말해서 도쿄에서 인쇄하고 그것을 그대로 전송사진의 요령으로 삿포로끼지 보내게 된다는 말이죠?』

『네, 아주 편리하게 됐지요. 홋카이도에서는 도쿄 본사의 것과 아주 똑같은 지면을 전파로 받고 로컬판은 독자적으로 편집하면 되는 것입니다.

그래서 당신이 가지고 온 신문을 보면 아무래도 홋카이도로 팩시밀리 전송한 그것 같습니다. 다시 말해서 전송 부분은 인쇄되었지만, 지방사에서 편집해야 할 지면은 아직 인쇄되어 있지 않았다―혹은 어떤 차질로 인쇄가 안 된 것―고 생각됩니다. 그러나 이런 신문이 가두에 나간다고는 좀처럼 생각할 수 없습니다만……

　그런데 지금 한 가지 이상한 것은 이 종이입니다. 도쿄에서 인쇄하는 것은 이런 종이를 사용하지 않습니다. 그렇다면 이 신문이 나온 곳은 홋카이도가 아닌가 합니다. 거긴 종이의 산지니까요.』

　이상이 신문사의 설명이다. 이보다 상세한 것은 필시 도쿄에서는 알 수 없을 것이다. 나는 다시 홋카이도로 갈 결심을 하고 대학에서 1주일 정도의 휴가를 얻었다.

　삿포로에서는 다행히 매스컴 관계 일을 하고 있는 지인(知人)이 있었다. 그의 안내를 받아 곧 그 신문사의 홋카이도 지사를 방문했다. 그러나 거기서의 수확은 결코 만족할 수 있는 것이 아니었다.

　『확실히 이것은 도쿄 본사에서 우리 지사로 보내오는 팩시밀리입니다. 그러나 전송 부분만 도내판을 인쇄 낙장한다는 것은 절대로 있을 수 없습니다. 설사 이런 낙장판이 생겼다 해도 반드시 폐기하기 때문에 밖으로 나돌 수가 없는 것입니다.

　그리고 용지 말씀인데 우리들은 팩시밀리 옵셋판이라고 합니다만, 이 종이는 다른 것 같습니다.

　제1면의 신문 이름 밑에는 도쿄 본사 이름이 들어가고 이어서 팩시밀리라는 것이 기입되고 홋카이도 지사라고 기재되는데, 이 신문은 이 부분이 공백이 되어 있군요.

여하튼 간에 아무래도 우리들로서는 도저히 이해하기가 어렵습니다.』

이 신문이 지사에서 나오지 않은 것만은 확실했지만, 그 이상은 전혀 알 수가 없다. 나는 어찌할 바를 모르고 말았다.

그러나 여기서 내던져 버린다면 홋카이도까지 온 보람이 없다. 실제로 『이상한』 신문을 지금 이렇게 가지고 있는 것이다. 현존하고 있는 이상 어디서든 만들어진 것이 아니면 안 된다. 전력을 다해서 찾으면 제조원을 밝혀내지 못할 것도 없는 것이다. 어떤 일이 있어도 이것이 어디서 만들어진 것인지 끝까지 확인해 보자는 마음이 다시 끓어올랐다.

억지로 부탁해서 인쇄공장 쪽으로 돌아가 그 곳 주임에게 지질(紙質) 검토를 의뢰했다. 그것을 단서로 해서 그로부터 며칠 동안, 혹은 단독으로, 때로는 지인의 소개장을 얻어서 삿포로 시내는 물론 그 부근 일대를 돌아다니게 되는데, 본건과 관계없는 부분은 모두 생략하고, 낙장판 신문의 출처를 확인한 시점에서부터 기술해 나가도록 하자.

나의 집요한 조사 끝에 이 신문을 만든 기관(?)의 책임자와 만날 수 있었던 것이다. 물론 그러기 위해서는 지인이나 그의 상사들의 소개, 나아가서는 나 자신의 신원이 확실하다는 것을 분명히 하지 않으면 안 되었다.

삿포로 시내의 한 장소에서 나 혼자 담당자와 만나게 되었다. 가

슴이 딱 벌어진 체격이 좋은 그 담당관은 분명한 말투로 말했다.

『그렇습니다. 일본에는 지금 비밀이라는 것은 없을 것입니다. 그렇지만 개인은 개인으로서, 회사는 회사로서 서로 남에게 알리고 싶지 않은 면이 있습니다. 우리들의 연구는 좀 더 다른 의미에서 역시 일반에게 공표하고 싶지 않은 것입니다.

그런데 어떤 차질에서인지 연구 결과의 일부가 가두에 흘러나가고 말았습니다. 이것은 솔직히 말해서 대단한 미스이며, 우리들로서는 금후 절대로 이러한 일이 일어나지 않도록 하지 않으면 안 됩니다.

그것이 당신의 손에 넘어가 제지공장까지 조사하게 되고, 결국 나에게까지 오게 됐습니다. 아무래도 이 이상 당신에게 숨길 수 없을 것 같습니다.

다행히 당신은 낙장판의 신문이라는 구실로 여기까지 조사하게 됐습니다. 4일에 제작된 5일자 신문이라는 것은 아무도 모릅니다. 그런 것이 알려지면 큰일이며, 우선 세상 사람들이 신용하지 않겠죠.

아무튼 그런 까닭이니, 우리들의 비밀을 아시더라도 그 후로는 아무쪼록 양식적으로 행동해 주시기를 부탁드립니다.』

이렇게 해서 담당관은 대기시켜 둔 승용차 뒷좌석에 나와 함께 탔다. 운전수는 그의 부하 직원일 것이다.

『실례라는 것은 알지만, 이것도 규칙이니까』라고 말하고 그는 차에 붙어 있는 커튼을 닫아 버렸다.

그들의 기관이란 어떤 것인지 전혀 짐작할 수가 없지만, 아무튼 상상 이상의 것이라 생각했다.

나는 방향에는 비교적 민감한 편이다. 눈가리개를 해도 자신의 동작, 신체에 걸리는 원심력 등에서 진행 방향을 알아맞힐 수가 있다. 게다가 삿포로와 그 근교의 지형은 대강 알고 있는 터이다.

시치미를 떼고 나는 차의 진로를 열심히 더듬고 있었다. 아무래도 시내의 큰 거리를 동남쪽으로 향해 달리고 있는 것 같다. 그렇다면 여기는 도요히라 부근인가?

신호 대기도 점점 적어지고 있다. 츠키사츠부도 통과했을 거다. 속력이 더해진다. 추월하는 차가 있는 것을 보면 간선도로, 다시 말해서 치토세로 향하는 길이 되지 않으면 안 된다.

30분 남짓해서 차는 우회전한다. 아무래도 보통 도로를 우회전한 것 같지는 않다. 뭔가 특수한 넓은 구내와 같은 속으로 들어간 것 같은 느낌이다.

아직 치토세 거리에는 들어가지 않았다. 그렇다면 에니와 부근인가?

광장 같은 곳을 얼마간인지 곧장 달린다. 완만한 기복을 따라 약 30분 남짓, 이윽고 차는 멈추었다.

담당관은 벽 아래 달린 쪽문으로 안내했다. 입구는 곧비로 지하로 내려가는 돌계단으로 이어져 있다. 지하 복도를 몇 번인가 돌아서 마지막으로 넓은 실험실과 같은 곳으로 나왔다.

방이라기보다 광장에 가까웠지만, 중앙에는 거대한 기계가 놓여 있다. 분위기로 봐서는 발전소나 혹은 선박 밑의 디젤엔진 기관실과 비슷하지만, 기계 자체는 상당히 다르다. 굳이 공통된 점이 있는 것 같은데, 어떤 작용을 하는지 전혀 짐작이 가지 않는 부분도 많다. 다만 주위의 벽이라든가, 바닥에 마구 둘러쳐진 전선회로로 보아 대단히 높은 전압을 사용하고 있다는 것은 확실하다.

나는 옆의 응접실에서 이 연구소 스탭진의 한 사람에게 소개되었다. 아까의 담당관과는 달리 연약한 느낌의 학자 기질의 남자였다. 결국 이 연구원으로부터 지금까지 상상도 하지 못했던 연구의 전모를 듣게 된 것이다.

『이 기계의 최종적인 장치라 할까, 우리들이 최후로 꺼내는 데이터라고 할지, 결국은 공중을 달려오는 신호를 수신하는 것입니다. 조금 전에 보신 기계의 일부분은 대단히 정교한 수신 장치입니다.』

깡마른 연구원은 이런 말로부터 얘기를 시작했다.

『수신기 치고는 상당히 어마어마한 것이군요. 나는 신문사에 갔을 때부터 팩시밀리라는 것이 머리에서 떠나지 않는데……이 곳은 도쿄와 삿포로를 연결하는 직선상에 있는 것이 아니겠습니까? 그렇다면 신문사의 팩시밀리를 수신한다는 이유로……』

『하하하, 눈치 채셨군요. 분명히 그렇습니다만, 그러나 지금 보내오고 있는 신호를 그대로 방수(傍受)하는 것만이라면 이렇게 큰 기계는 필요 없습니다.』

『그렇다면 팩시밀리의 방수 외에도 뭔가 하고 있는 겁니까?』

『팩시밀리 방수에는 틀림없지만 이 기계는 내일의 팩시밀리를 수신하고 있습니다.』

『네! 뭐라고요? 내일의 전파라고요?』

『아니, 전파라 하면 잘못입니다. 단순한 신호라 해둡시다. 우리들은 도쿄의 신문사가 발신하는 내일의 신문을 방수하고 있습니다.』

나는 말문이 막혔다. 이 이상은 이 연구원이 얘기를 하도록 맡겨둘 수밖에 없다.

『놀라시는 것도 당연합니다. 하지만 당신은 지금 내일의 신문을 보신 것 같은데요.』

확실히 그렇다. 나는 그저 잠자코 그의 말에 고개를 끄덕일 뿐이었다.

『당신은 이미 내일의 신문을 수중에 가지고 계십니다. 때문에 저로서도 얘기하기가 쉽습니다. 그렇지 않았다면 이 이상한 기계를 이해해 주실 때까지 설명드릴 끈기는 도저히 없으니까요.』

『그렇다면 결국 이 기계는 내일의 사건을 탐지하고 있는 것이군요?』

『그렇습니다. 망원경이라든가 레이더라는 것은 먼 데 있는 것을 탐지하는 도구지만, 여기 있는 것은 미래를 엿보는 탐지기, 다시 말해서 시간의 망원경이라고 하는 것이 훨씬 더 어울릴 겁니다. 단지 거리를 바라보는 것이 아니라 미래의 시간을 보는 겁니다.』

『여하간 그 시간의 망원경에 대해서 좀 더 설명해 주십시오. 어떻게 바로 지금 내일의 일을 알 수 있는가를.』

『그래요. 당신은 그것을 들으려고 오셨죠. 그렇다면 무엇부터 얘기를 시작할까요? 아, 커피가 온 모양입니다. 식기 전에 드십시오.』

발랄한 동작으로 컵을 놓고 일단 부동자세로 섰다가 물러가는 제복 차림의 젊은이를 바라보면서 우리들은 향긋한 커피를 마셨다.

『보통 망원경은 빛을 이용해서 사물을 보는데, 이 빛의 속도라는 것은 어떤 방법으로 측정을 해도 변함이 없습니다. 달리면서 보거나 혹은 광원 쪽을 향해 달리게 하여 측정해도 빛의 속도는 항상 1초 동안에 지구의 일곱 바퀴 반, 다시 말해서 초속 30만 킬로미터로 달립니다.

대단히 불가사의한 일이지만 어쩔 도리가 없습니다. 그것이 사실이기 때문에 인정하지 않을 수 없습니다. 바꿔 말하면, 우주 공간이라는 것은─태양이라든가 은하라는 것이 있는 넓은 공간이나, 나와 당신 사이의 좁은 공간이나 공간이라 하는 것은 모두─빛을 일정한 속도로 전달하는 곳이라는 성질을 띤 것이라고 생각하지 않으면 안 됩니다.

공간이란 만물을 껴안고 있는 장소라기보다는 광속도를 일정하게 보유하고 있는 곳의 매개물이라고 정해 주는 것이 보다 옳은 해석이라 할 수 있을 것입니다.

그런데 일정한 것은 빛의 속도인데, 속도라는 것은,

$$속도 = \frac{진행거리}{소요시간}$$

와 같이 사물이 진행한 거리를 그에 소요된 시간으로 나눈 값으로 되어 있습니다. 광속도는 정지 상태에서 측정하든, 달리면서 측정하든 변하지 않기 때문에 공간은 지금까지 생각해 온 상식적인 것과는 상당히 다를 것입니다.

그런데 식을 보면 알 수 있듯이, 속도는 진행거리, 다시 말해서 공간의 성질만 가지고는 정할 수 없습니다. 공간과 시간이 나눗셈이라는 형태로 서로 관련되어 있음으로써 비로소 확정될 수 있는 것입니다.

그것은 누가 보더라도 광속도가 일정하기 위해서는 공간도 지금까지의 관념과는 다른 것이라고 하지 않으면 안 되는데, 마찬가지로 시간 쪽도 여러 가지 사고방식을 변경해 주지 않으면 안 된다는 결론이 나오지 않을 수가 없습니다. 다시 말해서 광속도는 항상 일정하다고 한다면 그 잘못된 영향이 공간과 시간 양쪽으로 돌아갑니다.

이를테면, 우리들에 대해서 대단히 빨리 달리고 있는 막대기가 있다고 합시다. 이 막대기를 타고 있는 사람에게 있어서 막대기 길이는 1미터이지만, 우리들이 볼 때 막대기는 50센티미터일 수도 있습니다.

막대기에 대해서 상당한 속도―빛의 속도와 별 차이 없이 빨리 달리지 않으면 안 됩니다―로 달리고 있는 사람에게 막대기는 짧아지지 않으면 안 됩니다. 이것이 유명한 상대성이론입니다.』

『이건 또 대단히 어려운 문제가 되고 말았군요. 아인슈타인 말이죠. 책에 의하면 그 상대성이론을 이해할 수 있는 사람은 세계에서 몇 명밖에 안된다는데』

『아니 결코 그런 것은 아닙니다. 세상 사람들은 진실을 잘 이해하지도 못하고 무턱대고 싫어하고 있는 것뿐입니다. 특히 최초에 발표된 특수상대론이라는 것은 빛의 속도는 철두철미 일정, 그 결과 막대기의 길이라는 것은 절대적인 것이 아니고 달리면 줄어드는 것이라는 것과 같은 기초 지식만으로 충분합니다. 실제로는 막대기가 줄어든다고 생각해도 좋고, 막대기가 존재하고 있는 공간이 줄어든다고 생각해도 지장은 없습니다.

반대로 막대기 쪽이 정지해 있고, 이것을 바라보는 사람 쪽이 움직여도 막대기는 그 사람에 대해서 줄어듭니다. 때문에 결국 이런 결과가 나옵니다. 여기에 A와 B가 있다. 두 사람은 다른 속도로 달리고 있다─두 사람 가운데 한 사람이 정지해 있어도 상관없습니다─그런데 두 사람이 같은 공간을 보았다고 하면 그 공간은 두 사람에게 있어 같은 길이가 아닙니다. 바라보는 사람의 입장에 따라서 다르게 되는 것입니다.』

『다시 말해 사물의 길이라는 건 보는 입장에 따라서 다르다.』

『바로 그렇습니다. 그래서 아까 분수의 식을 써서 설명한 것처럼 분자의 공간이 변화하면 당연히 시간 쪽도 변하지 않으면 안 됩니다. 나눈 결과가 일정하기 때문에. 그러므로 보는 사람에 따라서 시간도 달라집니다.』

『막대기의 신축은 그래도 상상할 수 있는데, 시간이 다르다는 것은 아무래도 어려워서.』

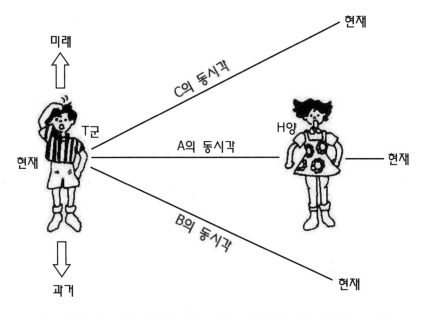

세 사람이 세 가지 상태에서 같은 시각. 세로축이 시간, 가로축이 공간 좌표로 한다. 특수상대론에 의하면, 속도가 다른 세 개의 세계는 같은 좌표에서는 나타낼 수 없고, 광속도 일정(一定)의 요청에서 동시각을 잇는 선은 그림과 같이 세 가지로 달라진다. 각기 선의 위쪽이 미래, 아래쪽이 과거이다.

『무리도 아닙니다. 전혀 상상 밖의 것이니까요. 여기는 아무쪼록 본의가 아니라도 이론으로서 인정하도록 하십시다. 그렇다면 시간이 다르다는 것은 어떤 것인가.

예를 들면, T군이 머리를 긁었다는 사실이 있다, 거기에 H양이 혀를 내밀었다는 사실이 있다고 합시다. 그런데 그들 외에 A, B, C 세 사람의 관측자가 있고, 이 세 사람은 서로가 상당한 속도로 달리고 있다고 합시다. 이때 A에게는 T가 머리를 긁는 것과 H가 혀를 내미는 것이 동시입니다. 그런데 B로서는 T쪽이 먼저이고 H가 나중, C의 입장에서는 반대로 H가 과거이고 T가 미래, 이런 식으로 입장이 달라지면 한쪽 사람이 보고 동시라 해도 다른 쪽의 관측자에게 있어서는 동시가 아니라는 결과가 일어나게 되는 것입니다. 이것도 광속도가 일정하기 때문에 일어나는 영향입니다.』

『뭔가 조금 알 것 같습니다. 그렇다면 이런 식으로 생각하는 건가요?

예를 들면 T가 머리를 긁는다는 동작을 오늘이라고 하고, B라는 사람을 보통의 인간, 다시 말해서 지구에 살고 있는 우리들이라고 합니다. H가 혀를 내미는 것은 미래, 이것을 내일의 사항이라 생각해도 좋겠지요.

여기서 C라고 하는 특수한 입장의 사람을 내세웁니다. 우리들에게 대해서 맹속도로 달리는 사람이죠. C에게 있어서는 H가 혀를 내민 것은 어제의 일입니다. 그러므로 우리들은 C에게서 얘기를 듣기만 하면 내일의 일을 알 수가 있다!』

『멋져요, 아주 멋집니다. 당신은 내 설명을 한 발 앞질렀습니다. 바로 그것이 명확한 설명입니다. B라는 것은 지구상의 전부, 그리고 C라는 것은 인간이 아니라도 상관없습니다. 이 실험장치의 중앙부가 C의 역할을 하는 기계입니다. 이것은 빛의 90여 퍼센트라는 맹속도로 움직이고 있지만, 날아가 버려서는 곤란합니다. 그래서 벨트 상태로 하여 회전시키고 있습니다.

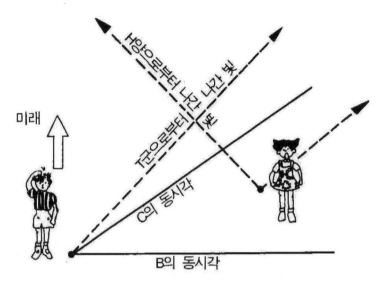

H양으로부터 나간 빛

T군으로부터 나간 빛

미래

C의 동시각

B의 동시각

현재 H양의 사건(B로서는 미래)을 보고 있는 C의 동시각선상의 사람(아직 T군의 사건을 모른다)도 이것을 재빨리 B에게 알리는 것은 불가능하다(빛의 속도는 정해져 있기 때문에).

그러니까 아까 당신의 정확한 설명으로 잘 꿰뚫어 보셨지만, 사실을 말하자면, 이와 같은 장치가 되기까지는 커다란 장해가……그것도 원리적으로 넘을 수가 없다고 생각하던 문제가 있었습니다.

C라는 기계에서 내일의 일을 듣는다는 아주 멋진 발상인데, 유감스럽지만 종래의 상대론으로는 이것은 불가능하다는 것을 그림으로 설명하겠습니다. 앞의 그림에서 상하(上下)는 시간을 표시하고, 좌우는 거리라고 생각하십시오. T는 이 위치 이 시각에 머리를 긁는다, H는 여기서 혀를 내밉니다. B, 즉 우리들의 시간에 대해서 동시각의 장소라는 것은 T로부터 오른쪽 밑으로 내려가는 직선이

며, C(다시 말해서 기계에 있어서의 동시각)는 T로부터 오른쪽 위로 올라가는 직선입니다.

좀 더 알기 쉽게 하기 위해 같은 것을 다음의 그림(33쪽)과 같이 그려 봅시다. 우리들, 다시 말해서 정지해 있는 상태에 있는 것의 동시각을 수평으로 합니다. 그리고 빛은 항상 그림 속에서 45°의 방향으로 달리도록 그래프를 그려 줍니다. 우상(右上) 45°의 빛은 T로부터 H쪽으로 달리는 빛, 좌상(左上) 45°의 빛은 그 반대로 향해 가는 빛입니다.

그런데 C라는 장치가 빨리 달리면 달릴수록 C에 대한 동시각의 직선은 수평에서 벗어나서 경사가 커지게 됩니다. 그리고 C가 빛의 속도에 아주 가까워지면 C의 동시각 직선은 45°에 가까워지게 됩니다. 그러나 45° 이상으로 될 수는 절대로 없습니다. 기계는 광속도 이상으로는 달릴 수 없으며, 그로 인해 동시각 직선은 45°를 넘을 수가 없다. 이것은 증명되어 있기 때문에 양해하시기 바랍니다.

번잡해지기 때문에 위 그림에서는 A라는 입장은 무시하고 있습니다. B는 우리들과 마찬가지로 정지하고 있는 사람이기 때문에 이번에는 수평으로 고쳐 그었습니다. H는 B와 C의 중간에 들어가기 때문에 이 정도일 것입니다.

자, 그림을 잘 보시기 바랍니다.

T군이 머리를 긁은 그 시각에 T의 바로 곁에 있는 우리들(즉, B)로서는 H양이 혀를 내미는 것은 미래가 되는 것이며, 마찬가지로 그 때 T 곁을 맹속도로 달리고 있는 기계 C로서는 H가 혀를 내민

것은 과거의 일입니다.

같은 사건이 있는 사람에게는 미래, 다른 입장에서 말하면 과거라는 것이 상대론의 재미있는 점인데, 그렇다면 B는 C로부터 H양이 혀를 내미는 사건에 대해서 들을 수 있느냐 하면, 유감스럽게도 그것은 불가능합니다.

분명히 C라는 기계로서는 H가 혀를 내민 것은 과거에 해당되지만, T 가까이 있는 C는 이 과거의 사건을 재빨리 알 수가 없습니다. 다시 한 번 그림을 보시기 바랍니다.

매사를 알기 위해서는 그림의 사건을 나타내는 점으로부터 빛이 달려와서 이 빛을 캐치하지 않으면 안 됩니다. 그런데 빛은 어떤 경우에도 이 그림 속에서는 45º의 방향으로 달립니다. 그러므로 H로부터 나오는 빛은 머리를 긁고 있는 T에게는 도달하지 않습니다. T와 같이 있는 B나 C도 H가 혀 내미는 것을 T의 머리 긁기와 동시에 알 수는 없는 것입니다.

H에게서 나오는 빛의 선은 확실히 C의 동시각 직선과 교차합니다. 다시 말해서 계속해서 H 가까이 있으면서, 게다가 맹속도로 달리고 있는 기계나 인간은 T가 머리를 긁기 이전에 H가 혀를 내미는 것을 인지하지만, 이번에는 그 사람은 T에게서 떨어져 있기 때문에 이것을 T에게 알릴 수가 없습니다. 뿐만 아니라 그 사람은 H가 혀 내미는 것은 보아도 T의 머리 긁기를 알 수는 없는 것입니다.

결국 B로서는 미래이지만 C로서는 과거라는 표현법은 틀리지 않지만, 이것은 어디까지나 형식에 지나지 않는다. 다시 말해서 이론상의 것이며, 현실문제로서는 바로 옆을 달리는 C에게서 내일의 사건을 알아본다는 것은 불가능합니다.』

『그렇게 말하는 것은 역시 상대성원리를 응용해도 내일의 신문을 제작한다는 것은 불가능하다는 것입니까?』

『그렇습니다. 만일 그런 예언 같은 일이 가능하다면 1905년에 상대론이 발표되자마자 큰 소란이 일어났을 것입니다.』

『그렇다면 당신들은 어떻게 내일을 알 수 있는 겁니까?』

『바로 그겁니다. 다시 한 번 그림을 보아 주십시오. 빛이나 전파는 45°의 방향으로 진행하기 때문에 안 되지만, 만일 45°보다 빨리 전달하는 신호가 있으면 이것을 이용해서 내일의 일을 알 수 있습니다.』

『그렇다면 빛보다 빠른 어떤 것으로……?』

『그렇습니다. 초광속 입자를 사용합니다.』

『…………?』

『놀라시는 것은 당연합니다. 아마도 처음 들어보실 겁니다. 우리들은 초광속 입자의 수신장치의 제작에 오랜 세월을 보내왔습니다.

그리고 또 한 가지, 기계만을 실은 소형 인공로켓을 만들어서 이것을 맹속도로―광속의 90여 퍼센트의 속도인데―여기서 우주 저편으로 날리고 있습니다. 우리들의 기계는 여기 있는 벨트 상(狀)으로 도는 장치와 소형 로켓이 짝이 되어 기능을 발휘합니다.

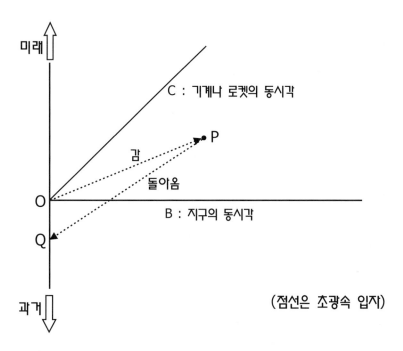

초광속 입자를 사용하면……P는 Q보다 로켓의 동시각 선에서 떨어
져 있다. 즉 로켓(및 기계)에 있어서 P는 Q보다 과거이다.

　그러면 다시 한번 그림을 보시기 바랍니다. 앞의 그림과 본질적
으로는 다를 바가 없지만, 다만 H양에 상당하는 것이 소형 로켓이
고, 이것은 멀리 계속 달리고 있습니다. 때문에 지구상의 인간은 B
에 해당하고, 여기서 움직이고 있는 기계와 소형 로켓은 C에 해당
합니다.

　이제 여기서 초광속 입자를 달려가는 로켓을 향해 보냅니다. 그
초광속 입자는 B에서의 시간에 대해서 출발하고, 조금 후에 로켓 P
에 닿습니다. 로켓에는 복잡한 장치가 되어 있어서 받은 신호를 그

냥 그대로 지구를 향해 반송하게 되어 있습니다. 다시 말해서 로켓은 초광속 입자를 반사하는 거울이죠. 반사라 하더라도 일단 흡수한 것을 다시 토해내는 것이지만…….

그런데 초광속 입자란 어떤 식으로 지구로 돌아올까요. 발신기(실제로는 반사이지만)인 로켓도, 옆방에 있는 수신기도 우리들에게 대해서는 맹속도로 달리고 있다. 다시 말해서 C라는 입장이며, C의 동시각 직선은 그림에서 보는 바와 같이 수평이 아니고 오른쪽 위로 올라가 있습니다. 그렇다면 C의 입장에 대해서 초광속 입자는 과거에서 미래로 달리면 된다.

그림의 O는 초광속 입자의 출발점, P는 로켓에서의 반사(反射), P에서 Q로의 선은 돌아오는 길입니다. 초광속 입자(즉 P에서 Q에 걸친 직선)는 우리들(B라는 입장)에 대해서는 미래에서 과거로 달린다는 이상한 일로 되어 있지만, 로켓이나 이 기계의 입장(즉, C)으로서는 과거에서 미래로 달리는 것이기 때문에 모순은 없습니다.

그렇다면 어떻습니까? O에서 출발한 입자는 P에서 반사되어 Q로 도착합니다. 그림에서 보는 바와 같이 Q는 O의 과거입니다.』

『그러면 말입니다. 이 기계와 로켓을 사용하면 오늘 발사한 입자를 어제라는 날로 보낼 수 있다는 것입니까?』

『바로 그렇습니다. 입자의 강도 등을 적당히 가감하면 신호로서 사용합니다. 때문에 오늘의 사건을 어제의 사람에게 알릴 수가 있는 것입니다.』

내일의 지구가 발신……

『잠깐, 잠깐만 기다려 주십시오, 아무래도 잘 모르겠습니다. 그 어제의 사람이라는 것은 누구입니까. 대체 어디에 있는 겁니까?』

『진정하십시오. 실제로는 오늘과 어제가 아니고 하루 물려서 내일과 오늘로 합니다. 점 O는 내일의 지구상의 사건이며, 점 Q는 바로 지금 우리들이 수신하고 있는 작업을 나타냅니다. 그와 같이 바꿔 읽어도 조금도 지장이 없을 것입니다.』

『다시 한 번 그림을 잘 봐 주십시오. O가 지구상의 내일, 여기서 초광속 입자가 나와서 미리 날리고 있는 기계 로켓으로 P점에서 만난다. 입자는 바로 튕겨 되돌아서 지구상의 Q점에 도착한다. 우리들로서는 Q가 오늘이며 O가 내일……초광속 입자는 내일의 정보를 운반해 온 것이 된다는 말씀이군요?』

『어떻습니까, 대체로 아셨겠죠?』

『알았다고 해야 될지 어떨지, 하지만 아무튼 알았다고 할 수밖에 없죠.』

『이런 일이 가능한 것도 초광속 입자를 사용할 수 있기 때문입니다. 이와 같이 광속 이상의 입자 존재까지 포함해서 상대성원리를 확장한 것을 메타 상대론이라고 합니다.』

『그렇습니까? 아무튼 어려운 얘기여서. 하지만 말입니다, 아까부터 좀 마음에 걸리는 것이 있는데, 그림에서 O점이라는 것은 내일의 지구로군요.』

『그렇습니다.』

『그렇다면 내일의 지구가 초광속 입자를 발신하고 있는 것이군요.』

『네.』

『그 점이 좀……기술자의 누군가가 내일로 올라타고 간 것이 아
니기 때문에─적지에 침입하는 척후병이라는 것은 있지만, 오늘이
라는 그룹으로부터 탈출해서 단신 내일로 올라탄 척후병이라는 말
은 들은 적이 없습니다─내일의 지구에서 초광속 입자가 발신된다
고 하는 보증이 있는 것일까요?』

『그것은 최초부터 문제가 되었습니다. 연구소를 여기에 설치한
것도 그것과 관계가 있습니다.

우리들은 초광속 입자에 대해서 여러 가지를 조사했는데……대
규모의 조사 끝에 신문사에서 사용하고 있는 팩시밀리─팩시밀리
자체는 물론 전파를 이용하는 것으로서 광속으로 신호가 보내지지
만─이 팩시밀리 발신 장치로부터 적지만 초광속 입자가 나오고 있
다는 것을 발견한 것입니다. 신문사로서는 전파─즉, 광자(光子)이
지요─만이 필요하기 때문에 나머지 초광속 입자 쪽은 얻어도 되지
않겠는가……하고 그저 뻔뻔스런 생각을 하고, 사실 이것을 이용하
고 있는 것입니다. 게다가 그것을 수신하면 신문 지면을 모조리 알
수 있습니다. 세상에서 일어나는 사건의 축소판을 입수할 수 있기
때문에 여러 가지로 편리합니다. 그렇다고 하지만 아까 말씀드린
바와 같이 직무상 터득한 비밀은─비로 이것이야말로 직무 수행에
즈음한 기밀사항이라고 생각하지만─절대 누설하거나 이용은 하지
않을 작정입니다. 다만 어떻게 된 까닭인지 정말 유감스럽게도 한

장의 인쇄물이 당신의 손에 들어가고 말았습니다.』

때문에 내 목숨이 살아난 것이라고 목구멍까지 나왔지만, 왠지 눈앞에 있는 연구원의 냉철한 눈을 보자 이 말이 나오지 않았다.

시간의 망원경이라는 터무니없는 것을 연구하고 있는 이 학자는 필시 자기의 온 정력을 이 기계의 운전에 기울이고 있을 것이다. 초광속 입자나 그것을 수신하는 장치, 게다가 그것의 개량, 개선이 최대의 관심사이며, 내일의 뉴스 그 자체는 이 사람에게 있어서는 문제 밖의 것이 아닐까?

아무튼 지금까지의 이야기를 종합해 보면 이 연구소의 스탭은 저 참사를 사전에 알고 있었다고 한다면 거기에 어떤 방책은 없었는가? 내 머리에 문득 그런 것이 스쳤지만 거대한 기계나 두터운 콘크리트 벽, 나아가서는 기계와 같이 치밀한 두뇌를 구사하고 있는 이 사람들에 대해서 나는 이 인간다운 착상을 말로써 내뱉을 계기를 잡을 수 없었다.

『알게 되셔서 다행입니다. 여기의 큰 기계와 쏘아 올리는 로켓에 적재한 계기의 기계 장치는 대단히 복잡해서 전기관계, 연료관계 기타 많은 엔지니어가 부문 부문을 담당해서 제작했지만, 총괄적인 이론은 바로 지금 얘기한 그대로입니다. 하나도 초광속 입자, 둘에도 초광속 입자가 주역이 되어 있습니다.』

역시 우리들 대화는 그의 페이스에 따라갈 수밖에 없는 것 같다.

『그렇습니까? 그러면 여기서 날리고 있는 인공로켓 이것도 광속도 이상입니까?』

『아니, 그렇지 않습니다. 로켓이나 이 기계는 보통물질로 만들었기 때문에 광속 이하입니다. 그러나 상당히 광속에 가깝습니다. 이 로켓을 내일부터 튀어나간 초광속 입자가 쫓아가서 따라잡아 거기서 튕겨 되돌아오는 것입니다. 그 장소는 태양계의 바깥쪽이 됩니다.』

『그렇습니까, 그런 것입니까?』

뭔가 동화의 나라에서 일어난 사건이라도 듣고 있는 것 같은 느낌이었다.

잠시 침묵이 계속되었다. 눈앞의 과학자는 거의 곤혹에 가까운 얼굴이 된 나를 보고 미소를 띠었지만 그 이상의 말은 계속하지 않았다. 전부 설명을 했고 더 이상 할 말이 없다. 그의 눈은 그런 식으로 내게 말하고 있는 것 같았다.

나는 정중하게 인사를 한 후 그들의 안내로 삿포로 거리까지 다시 나왔다. 그리고 그 날 중으로 치토세를 떠나 도쿄로 향했다.

희미한 어둠이 깃들었지만 에니와에서 시코츠 호수에 걸쳐 삭막한 벌판이 시야에 가득히 펼쳐져 있다.

비록 내가 다시 한 번 그 장소라 생각되는 곳에 갔다 해도 완고하게 외래인을 거절하는 차가운 콘크리트 벽밖에는 아무것도 볼 수 없을 것이다. 저 조용한 연구원과도 아마 두 번 다시 만나는 일은 없을 것이다. 여객기는 유우부츠 평야를 지나 바다 위를 날고 있었다.

도쿄로 돌아온 나는 그 다음날부터 아무 일도 없었던 것처럼 자신의 일을 계속해 나갔다.

화성탐사 로봇 큐리오시티

PART I 타임머신
time machine

…… time, dark time, secret time,
forever flowing like a river……

……시간, 어둠의 시간, 비밀의 시간,
영원히 강물처럼 흐르는……

　　ㅡ 토머스 울프 <거미줄과 바위> (1939)에서

너무 쉬워서 알 수가 없다

픽션으로서 기술해 온 『시간의 망원경』을 토대로 하여 시간에 대한 여러 가지 사항을 생각해 나가도록 하자.

독자 여러분은 이 이야기를 듣고 우선 어떻게 생각할까? 전혀 근거도 없는 황당무계한 조작인가, 아니면 전반을 통해서 생각해 보면 어쩐지 이상한 이야기이지만, 부분 부분의 설명에는 과학적인 근거가 있는지, 아니면 시간의 망원경이라는 것은 현재로서야 꿈같은 이야기지만, 물리학자나 과학기술이 발달한 미래에는 실현 가능한 것인가.

과학적으로는 물론 철학적(?)으로 생각해도 오늘과 내일과의(좀 더 일반적으로 말하면 과거와 미래와의) 역전 같은 것이 있을 리가 없다고 일축하는 사람도 있겠지. 아니, 과학의 진보는 전혀 예상도 하지 않은 결과를 낳는다.

지금 상대성이론에 의해서 공간이라든가 시간이라는 것이 새로운 입장에서 다시 보게 되지 않았는가. 그러므로 시간의 망원경도 아주 거짓말은 아닐 것이라고 생각하는 독자도 있을 것이다.

이 책은 이 의문에 대해서 현재의 물리학이 어느 정도의 해답을 준비하고 있는지를 기술한 것이다. 최초 부분에서 상당한 페이지를 할애하여 픽션을 게재했지만, 이것은 문제 제기의 한 개의 형태라 생각해주기 바란다.

그런데 시간이란 무엇인가 하고 정색하고 나선다 해도 좀처럼 좋은 대답은 나오지 않는다. 시간과 공간이란 자연계에 있어 가장 기본적인 개념이며, 누구나가 충분히 알고 있다고 하는 원칙에서 모든 현상은 설명되고 있기 때문이다.

거대(巨大, 아주 큰)라든가 진홍(眞紅, 아주 빨간)이라든가, 맹견(猛犬, 아주 사나운) 등의 말의 설명이라면 누구나 할 수 있다. 그러나 크다는 것은 무엇인가, 빨갛다는 것은 무엇인가, 개란 무엇인가, 가장 쉬운 말로 설명해 보라고 하면 망설여지고 만다. 『시간』의 설명도 이와 비슷하다.

그러나 만일 시간이라는 것에 지금까지 생각지도 않았던 상식 밖의 요소가 있다고 하면 이것은 대단히 흥미를 자아내게 하는 문제이다. 왜냐하면 시간은 다이아몬드처럼 부자만의 소유물이 아니고 만인이 공평하게 향수(享受)하고 있는 것이기 때문이다.

빛보다도 빠르다

먼저 대략적인 결론을 기술해 두자. 시간의 망원경의 가장 주요한 부분은 미래에서 나온 초광속 입자가 과거에 뛰어든다는 사항이다. 여기서 문제는 둘로 나눠진다.

(1) 정말 초광속 입자라는 것이 있는가?

(2) 만일 있다고 한다면 미래의 사건을 예지할 수 있는가?

소립자(素粒子)를 연구하는 물리학자 중에는 (1)에 관한 신빙성을 갖고 있는 사람이 상당히 있다. 단순히 믿고만 있는 것이 아니라, 미국 콜롬비아 대학에서는 발티라는 물리학자를 중심으로 한 그룹이 거대한 소립자 가속장치를 사용해서 초광속 입자 발견에 여념이 없고, 또 로체스터 대학에서도 비슷한 실험이 행해지고 있다. 물리학을 배운 독자 여러분 가운데는,

『바보 같은 소리 작작 해라! 이 세상에서 가장 빠른 것은 빛이 아닌가. 초광속 입자 발견이라니 머리가 좀 이상한 게 아닌가?』하고 이의를 제기하는 분이 있을지도 모른다. 확실히 상대성원리에 의하면 빛은 가장 빠르고 그 이상 빠른 속도는 없다. 그렇다면 콜롬비아 대학 등의 연구 그룹은 상대론을 모르고 있는 건가?

천만에. 그들은 오랜 동안 물리 외곬으로 살아온 전문가이며, 아인슈타인의 이론 같은 것은 너무나 잘 알고 있다. 그럼에도 불구하

소립자 가속기

고 빛보다 빠른 입자를 사진 건판에 포착하려 하고 있다.

어떤 확신을 가지고 이와 같은 연구를 하고 있는가, 어떤 동기로 광속이라는 터무니없는 것을 생각해 냈는가, 상대론과의 사이에 있는 모순을 어떻게 해석하고 있는가에 관해서는 차차 기술해 가도록 하자. 여하간 초광속 입자라는 것은 물리학자 사이에서 흥미 있는 연구 대상이 되어 있다는 것을 알아두기 바란다.

역전하는 인과

실험적으로는 아직 초광속 입자는 발견되어 있지 않지만, 하여간 여기서는 『존재한다』는 입장에서 이론을 진전시켜 나가 보자. 그렇다면 아무래도 미래에서 과거로 향하는 입자가 생겨버리고 만다.

자연계는 양자라든가 중성자 혹은 중간자나 광자와 같은 소립자의 집합체이며, 이들 입자는 모두 상식대로 과거에서 미래를 향해 존재하고 있다. 따라서 과거에 일어난 사건(다시 말해서 원인)에 영향을 받아 미래의 현상(결과)이 생긴다. 이것이 인과율(因果律)의 사고방식이다. 그런데 초광속 입자라는 이질(異質)의 입자가 섞여지게 되면 이 인과율이 약간 의심스러워진다.

범인이 권총을 쏘았기 때문에 피해자가 죽는다. 이것이 보통이다. 그런데 피해자가 죽은 후에 살인자는 권총의 방아쇠를 당긴다 —이것은 기묘한 이야기다. 그와 같은 결과가 생긴다면 방아쇠를 당긴 인간을 범인이라 할 수 있겠는가 하는 것조차 문제가 된다.

처음으로 얘기를 듣는 사람은 물론 초광속 입자를 연구하고 있는 사람마저 머리를 싸매고 마는 일이 있다. 그렇다 해서 머리를 입장에서 여러 가지 의견이 나와 토론되고 있다.

초광속 입자가 있다면 정말 과거와 미래를 뒤엎을 수가 있는가? 어떻게 그런 이상한 이야기가 나오게 되는가?

패러독스(Paradox)

(1)의 초광속 입자에 관한 기술은 뒤로 돌리고 (2)의 인과율에 대해서 먼저 생각해 보도록 하자. 물리적인 기초이론이라는 등 딱딱한 말을 쓰지 않고, 우선은 보통 상식에서 솔직히 의견을 기술해 가도록 하겠다.

앞에서의 『시간의 망원경』에서 만일 이야기에 얼마간의 신빙성을 인정하고 그 전제로 논의하라고 한다면 현명한 독자 여러분은 다음과 같은 점을 지적할 것이다.

이야기 중에서는 미래의 사건을 알게 된 남자가, 실은 마음이 약한 성질 때문에 그런 입장에 이르러 어찌할 바를 모르는 채로 사태는 예상한 계획대로 되고 말았다.

그러나 세상에는 이와 같이 소심한 남자만 있는 것은 아니다. 게다가 미래를 알게 된 인간이 전부 신비성에 환혹(幻惑)된다고는 생각지 않는다. 만일 내일신문을 입수한 남자가─이야기 중에서도 잠깐 말했지만─큰 소리로 『이 비행기는 도쿄 만에 추락한다!!!』고

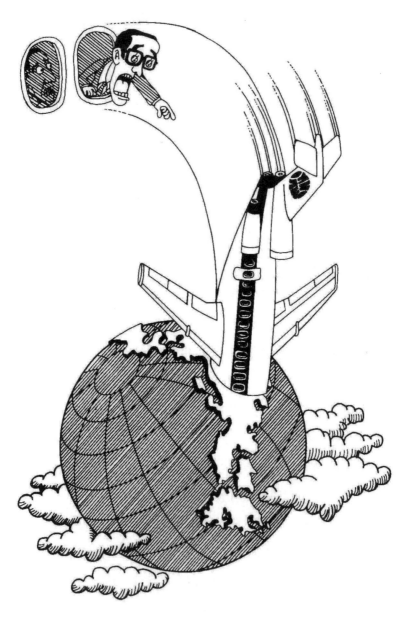

이 비행기는 떨어진다······!

공항 안에서 아우성친다면 어떻게 될까. 단지 남자 한 사람만이 큰 소리를 친다면 경비원이나 경찰관이 달려와서 세상을 소란케 하는 자, 인심을 교란시키는 분별없는 인간, 아니면 비행기 납치범, 또는 음모를 꾸미는 혁명가라는 이유로 체포될지도 모른다. 그리고 비행기는 예정대로 하네다로 향해 날아오른다.

그러나 시간의 망원경을 가진 연구소 소장이나 연구원이 그때까지의 불문율을 깨고 치토세 공항으로 급행하여 항공회사 책임자에게 급히 사정을 얘기했다면 납득해 주지는 않을까? 대규모적인 연구소가 있다는 것, 초광속 입자에 의해 미래를 꿰뚫어볼 수 있다는 것, 게다가 미래가 찍히는(?) 팩시밀리를 눈앞에 보여주면 필시 여객기의 운항이 중지될 것은 틀림없다.

그런 터무니없는 것을 일반에게 공표한다면 사람들은 놀라서 어찌할 바를 모르게 된다는 것은 어디까지나 사회적인 사항이다. 사회적으로는 대단히 불안한 상태가 되지만, 물리적으로는 가능한 것이다.

장래를 예측했을 때 그 장래가 좋지 않다고 하는 이유로 그 장래가 일어나지 않도록 현재의 활동을 규제한다는 것은 있어도 좋은 것이다.

그렇다면 이야기는 대단히 까다로워진다. 여객기는 취항을 취소한다. 따라서 도쿄 만으로 추락이라는 사건도 일어나지 않게 된다. 사건이 일어나지 않는다면 물론 신문에도 게재되지 않는다. 기사가 되지 않는 것이 도쿄에서 삿포로에 팩시밀리로 전송될 리가 없다.

그런데 이 이야기는 팩시밀리 안에 여객기 추락사건이 있었다고 하는 데서 시작된 것이다.

그것이야말로 완전한 패러독스이다.

앞에 쓴 팩시밀리 안에서 여러 가지 부자연스런 부분이 있는데, 가장 납득이 안 가는 것은—다시 말해서 아무리 머리를 짜내서 생각해 보아도 이상하다고 생각되는 것은—이상 기술한 점으로 요약될 것이다.

문제의 어려움

확실히 생각해 보면 모순이 있다. 그런 정도의 것은 그런 대로 참아주는 것으로 끝날 만한 간단한 것이 아니다. 모순도 모순 나름으로, 이것을 해결하지 않으면 한 걸음도 앞으로 나아갈 수가 없는 정도의 모순이다.

대체 어떻게 하면 좋은가. 납득할 만한 해답을 구하고 싶은 것은 누구나가 다 마찬가지지만, 그렇게 성급히 굴지 말고 들어주기 바란다.

굳이 대답하라고 한다면, 문제가 너무 커서 도저히 필자로서는 감당할 수 없다고 머리를 숙일 수밖에 없다. 변명하는 것은 아니지만, 이 문제에 대해 산뜻하고 명확한 대답을 줄 수 있을 만큼 인간이라는 것이 예지가 풍부한 것인지 의심스럽다고 생각하고 있다.

문제는 대단히 어렵고 게다가 기본적—자연과학뿐만 아니라 좀 더 넓은 의미에서—인 것이지만, 이것을 정면에서 공격하는 것은 잠시 보류해 두고 이 이야기를 가장자리부터 차츰 굳혀 가기로 한다.

인과율이란 무엇인가? 시간이란 본래 어떤 성질을 띠고 있는 것일까? 과거의 사실이 미래에 영향을 준다는 것은 시간이나 공간을 정확히 바라볼 때 어떠한 의미로 해석할 수 있는가?

이와 같이 기초가 되는 사항을 확실히 딛고 나가면 갑작스런 문제에 직면하기보다 훨씬 넓은 시야에 입각해서 당면한 이야기를 내다볼 수 있기 때문이다.

이야기가 약간 비약하는 것 같지만, 현재와 미래, 혹은 현재와 과거를 잇는 공상 상의 기계로 타임머신이라는 것이 있다. 여기서 문제가 된 패러독스는 그대로 타임머신에 대해서도 말할 수 있는 것이다. 잠시 타임머신을 화제로 하면서 그 속에서 인과율이 어떻게 취급되고 있는지를 생각해 나가도록 하자.

타임머신(time machine)

병원에서 누워만 있는 환자는 한사코 복도를 걷고 싶어 한다. 집안에서 오랫동안 일하고 있는 사람은 운동을 겸해서 근처를 산책해 본다.

매일 집과 회사를 왕복하고 있는 직장인에게는 일요일의 등산은 기분을 일신시키고 틀에 얽매인 생활양식에서의 탈각에 한몫 하는 일이 많다. 더구나 그날 그날의 생활에 지쳐 슬럼프 기미가 있을 때는 여행을 함으로써 회복한다는 등이 문학작품에 흔히 나온다.

다만 현재로서는 발길 향하는 대로 제멋대로 여행한다는 태평스런 무드는 사라지고(라기보다 불가능하게 되어서) 관광과 같은 적극적인 목적을 가진 여행이 이에 대신하고 있다고 역설하는 사람도 있지만, 어쨌든 간에 어떤 경우가 되든 공간 속을 이동하는 것은 인간에게 적당한 자극ー혹은 호기심ー을 주는 것은 확실하다. 그것이 더욱 더해지면 해외여행, 비경(秘境)의 탐험, 나아가서 결국에는 달세계로의 도달이라는 것이 된다.

다시 말해서, 상당히 많은 사람이 가능한 한 공간 속을 멀리까지 움직여서 낯선 땅을 견문하고 싶다고 하는 욕망을 가지고 있다.

그런데 우리들이 사는 자연계에는 무한히 넓은 공간 이외에 과거에서 미래로 끝없이 계속되고 있는 『시간』이 있다. 공간과 시간은 보기에 전혀 이질적인 것 같지만, 끝없이 계속되고 있는 대자연의 기반(?)이라는 것은 아주 비슷하다. 게다가 우리들은 우주라는 넓은 공간 속의 불과 일부분의 장소에 존재하고 있는 것처럼 과거에서 미래로 계속하고 있는 길고 긴 시간 속의 한 시각에만 거처를 차지하고 있다.

공간은 세로, 가로, 높이 세 방향의 자리를 갖는, 다시 말해서 3차원적이지만, 시간은 과거에서 미래로 뻗는 일방적인 길이밖에 없다ー공간의 경우와 같은 말로 표현하면 1차원적인 것이지만, 차원의 차이는 그대로 두고 인간이라는 광대한 것 속에 있는 보잘것없는 존재라는 의미에서는 동일시해도 좋을 것 같다.

그래서 공간 속을 움직일 수 있다면 시간에 따라서 이동하는 것도 생각할 수 있지 않겠는가 하는 발상이 나오게 된다. 이것을 가능케 하는 공상 상의 기계가 타임머신이며, SF 소설의 가장 흥미 있는 제재(題材)의 하나가 되어 있다.

웰즈의 발상

타임머신을 주제로 한 공상 소설은 많지만, SF 작가로서 잘 알려진 영국의 H. G. 웰즈(Herbert George Wells, 1866~1946)의 작품 등은 가장 유명한 것 가운데 하나일 것이다.

그는 1866년에 영국에서 포목점의 아들로 태어났는데, 고학으로 과학 사범학교를 졸업하고 결핵 요양 후, 1894년부터 5년에 걸쳐 타임머신이라는 제목으로 소설을 《뉴 레뷰》지에 발표하고 있다. 그의 다른 작품 《투명인간》, 《우주 전쟁》 등은 모두 이것보다 수년 후의 것이다.

웰즈의 《타임머신》은 영화화도 되었고, 이 기계의 성능ー다시 말해서 타임머신이라는 것은 인

H. G. 웰즈

간을 미래나 과거로 데리고 가는 운반기라는 것—을 많은 사람에게 소개하는 데 도움을 주고 있다.

다만 원작은 미래로 가는 이야기를 주로 수록하고 있다. 19세기 말 영국의 한 살롱에 호사스런 사람들이 모여든다. 이 저택의 주인은 발명가이며, 저서(著書)는 이를 『시간 여행자(time traveller)』라고 부른다.

주인은 찾아온 사람들에게 타임머신의 소형 모형을 보여주고 설명하지만 믿지 않는다. 이 시간 여행자는 사람들이 돌아간 후 스스로 진짜 기계를 타고 미래 세계를 견문하게 된다.

소설의 목적은 시간을 여행하는 기계 그 자체보다도 인류의 미래상에 대한 예측—나아가서는 비판 혹은 문명 평론—이라는 것인데, 그것은 어쨌든 간에, 웰즈의 기계에서 흥미를 끄는 것은 시간에 대해서만 이동한다는 것이다.

다시 말해서, 그의 기계는 공간에 대해서는 전혀 부동한 것이다. 여기서 약간 쑥스런 비판을 한다면—설사 은하계 전체의 움직임에는 눈을 감는다 해도—지구는 태양의 주위를 공전하고 더구나 자기 자신이 자전하고도 있다.

기계가 우주 공간에 대해서 일정한 장소에 정착하고 있다면, 미래로 기계를 운전해 가서 적당한 곳에서 정지시켰다면 여간한 우연이 아닌 한 기계와 여행자는 지구로부터 멀리 떨어진 우주 공간에 내버려지고 말 것이다. 우주복이라도 입고 있지 않는다면 진공과 온도의 격변으로 여지없이 죽고 말 것이다, 라고 하는 것은 빼놓고 생각하는 것이 픽션이며 일일이 이치를 따져 간다면 한이 없다.

　그러나 가령, 지구 표면의 일정한 장소ー다시 말해서 시간 여행자의 저택 안에 있는 연구실ー에 고정되어 있다고 해도(몇 년 정도의 미래라면 괜찮겠지만) 웰즈와 같이 80만 년이나 되는 까마득한 훗날의 이야기라면 거기가 꼭 지구 표면이라는 보증은 전혀 없다.

　도시의 근교에서는 불과 2, 3년 사이에 산이 완전히 깎여 내려져 택지가 조성되어 간다. 움푹 팬 땅이 메워져 고속도로 같은 것이 이루어지는 것도 흔히 있는 일이다.

　그러므로 80만 년 후에 정지했다면, 그리고 만일 지면 속이었다면 당장에 질식사나 압사하고 말 것이며, 바다 속이라면ー무엇보다이 경우에는 바닷물이 현재보다 증가하고 있다는 전제가 필요하지만ー익사하고 말 것이다. 지면이 함몰되어 있기라도 한다면 공중에내팽개쳐져서 추락사다.

　이 정도의 것은 어쨌든 픽션이라고는 해도 다소나마 마음에 걸리지만, 웰즈의 책의 경우는 80만 년 후의 기계의 위치는 지면보다도 약간 높은 모양으로 잔디에 뒹굴 뿐 무사할 수가 있다.

　이 시간 여행자가 미래의 세계에 도달해서 기계에서 떨어져 여러 가지 탐색이나 조사 혹은 미래 인간과의 회견, 투쟁 등을 하고있는 동안에 기계는 미래 인간에 의해서 떨어진 장소로 운반되고만다.

　시간 여행자는 여러 가지 경험을 한 후에 기계를 찾아내고 결국은 현재로 돌아오게 되는데, 그 위치는 최초에 설치한 연구실과는 약간 다른 장소가 되어 있다. 다시 말해서 미래의 나라에서 움직여진 만큼 현재로 돌아와도 위치가 달라져 있다는 것은 이치에 맞는 것이며 대단히 재미있다.

타임 터널(time tunnel)

웰즈의 것과 함께 잘 알려져 있는 SF로, 미국의 라인스터(Murray Leinster, 1896~1975)에 의한《타임 터널》(The Time Tunnel)이라는 작품이 있다. 이 책은 1967년에 피라밋 북스에서 출판된 것으로서 텔레비전으로도 소개된 적이 있다.

웰즈의 타임머신은 1인승의 대형 스쿠터 정도의 크기인 데 비해서 전후(戰後)의 작품《더 타임 터널》은 거대한 기계와 측정기를

늘어놓고 터무니없이 큰 에너지를 사용해서 터널 속을 지나서 인간을 과거로 보내게 되어 있다. 타임머신에서는 인간이 미래로 여행하는 데 대해서 타임 터널에서는 과거를 경험한다는 것이 좋은 대칭을 이루고 있다.

타임 터널의 원작에서는 두 사람의 연구원이 1889년 5월 31일, 펜실베이니아 주에 있는 존스타운의 아스댐의 붕괴(崩壞) 사건에 조우한다. 이

M. 라인스터

타임 터널(time tunner)

사건을 보게 된 두 사람은 타임 터널 관계실 컨트롤의 잘못 처리에 의해서 1850년대의 서부 평원 아도비 월즈로 보내진다. 여기서 두 연구원은 개척자들 사이에 끼어서 야영을 하는데, 새벽녘 인디언 대부대의 습격을 받는다. 두 사람의 기지(?)로 백인 쪽은 전멸을 면하고 반대로 코만치의 추장은 전사한다.

그 후 두 명의 피실험자는 서기 2천 몇 백 년인가의 도시로 날아가게 된다. 여기서는 다른 혹성(惑星)들의 공격에서 몸을 지키기 위해 지구의 일부분에 압력 벽을 만들어 미래의 사람들은 이 속에 피난하고 있다. 두 사람은 혹성의 배를 격파하고 본래의 기지 즉, 타임 터널이 있는 관제실로 되돌아간다.

타임머신에서는 기계가 인간을 태우고 미래나 과거의 방향으로 움직이지만, 타임 터널에서는 움직이는 것은 벨트를 부착한 인간만 ―하긴 토끼에게 벨트를 부착시켜 과거로 보내는 장면도 있지만― 이라는 것으로 되어 있다. 그리고 피실험자는 공간적으로도 상당한 거리를 이동해도 좋은 모양이다. 그러므로 이것을 소재로 한다면 이야깃거리는 끝이 없다.

실제로 20세기 폭스 텔레비전은 원작 이외에도 갖가지 사건을 편성해서 텔레비전 프로그램을 제작하고 있다. 연구원이 폭발 직전의 크라카타우 섬(자바와 수마트라 사이의 활화산 섬. 1883년 화산 사상 최대의 폭발을 일으켜 이후 지진해일이 발생 무려 3만 6천여 명의 인명피해를 낸 것으로 전해진다)에 가기도 하고, 처녀 항해한 타이타닉호의 갑판에 내팽개쳐지기도 하고(1912년 침몰), 대사건 이 일어나는 곳에만 잘도 가는구나 하고 말하고 싶어지지만, 그러한 곳이 이야깃거리가 풍부할 테니까.

상원의원의 걱정

SF 소설의 내용을 소개해 왔는데, 여기서 문제로 하고 싶은 것은 스토리 그 자체가 아니고 작가가 써 나가는 과정에서 대단히 마음을 쓰고 있다고 하는 것이다.

앞에서 기술한 인과율과의 모순이라는 벽에 부딪쳐 특히 후자의 타임 터널에서는 저자 라인스터가 대단히 세밀하게 신경을 쓰고 있

호화 여객선인 5만 2,000t의 타이타닉호가 1912년 4월 10일 잉글랜드 남해안의 사우샘프턴을 떠나 뉴욕으로 처녀항해에 나섰으나 타이타닉호는 목적지에 닿지 못했다. 나흘 후 빙산과 충돌해 침몰해 1,517명의 목숨을 앗아갔다.

다. 또 그 배려가 이 소설의 골자가 되어 있다고 해도 좋지 않을까?

이 점에 주의해서 이제 한번 소설 《더 타임 터널》을 보도록 하자.

미합중국의 모처에 만들어진 지하의 큰 시설, 여기에 타임 터널의 기계와 관제실 등이 갖추어져 있는데, 이 시설에 한 상원의원이 헬리콥터로 안내되어 온다. 그는 방위계획에 관여하는 중요한 위원회의 의장이며, 초대 목적은 결국 예산의 획득이라는 것이 이 이야기의 서두가 되어 있다.

시설의 견학도 끝나고 그 기능의 설명도 끝난 다음 상원의원과 계획 본부(이 시설은 체크테크 계획 본부라고 하는 모양이다)의 책임자와 대화를 하게 된다.

상원의원은 과학에 관해서는 전혀 생소한데, 이 계획을 정면으로 반대한다. 과거로 인간을 보낸다는 것은 당치도 않다는 것이다. 피실험자의 생명과 안전의 문제도 문제이거니와 그보다도 그런 일을 한다면 터무니없는 결과가 일어난다고 주장한다.

『만일 누군가가 과거에 가서 거기서 역사와는 다른 행위를 한다면―비록 그것이 아무리 사소한 행위라 해도―그 행위가 그 후의 사회에 변화를 미치지 않는다고 하는 보장은 없을 것이다. 세상의 사건이라는 것은 사소한 행동이 겹쳐 쌓인 결과이다.

이 상원의원의 주장은 누가 들어도 합당한 것이다. 과거로 인간을 보낸 탓으로 자기 선조가 사망한다거나 유전병을 짊어져야 할 처지에 놓인다면 견딜 수 없을 것이다.

그렇지 않으면 과거의 변화에 의해서 현재의 자기가 갑자기 부자가 되거나 일국의 군주가 되거나 할 가능성이 없는 것은 아니지만, 그런 얌체 같은 생각은 기대하지 않는 것이 좋다.

현재의 자기는 아무리 생각해 보아도 중류 이하의 생활을 하고 있기 때문에 차라리 과거가 뒤범벅이 되어버렸으면 출세할 찬스는 많다고 생각하는 사람도 있을지 모르지만, 그렇게 잘 되지는 않는다.

과거를 뒤섞어 놓았을 때 상류생활과 하류생활이 천평에 올려 달려지는 것이 아니라, 살아 있는지 죽어 있는지―다시 말해서 태어나지 않았다면―라는 쪽이 문제가 된다. 그런 짓을 하면 우리들의 대부분은 현재 이 세상에 없는 결과가 되지 않을까?

인과응보

이와 같은 상원의원의 우려에 대해서는 저자 라인스터도 전력을 다해 쓰고 있지만, 이에 대한 계획본부 부원의 반론은 아무래도 약한 것 같다. 연구가들은 이 기계의 발명에 의해서 전쟁이 없어질지도 모른다고 단언한다.

히틀러와 같은 인간이 나타나도 이에 권력을 주지 않도록 할 수 있다고 주장한다. 이 부분의 이론은 아무래도 명확하지 않지만, 스토리에서는 그럭저럭 부원이 기계를 사용해서 과거로 가고 마는 것이다.

거기서 존스타운의 홍수를 만난다. 20세기에서 존스타운에 찾아온 두 부원은 당시(?) 홍수 후의 사진(寫眞)에 의해서 시내 한 빌딩만이 무너지지 않고 최후까지 남아 있다는 것을 알고 있다. 그래서 두 사람은 이 빌딩 계단 위로 피난하라고 목이 쉬도록 부르짖는다. 그들이 미친 사람이 아니라고 생각하는 소수의 사람들만이 그 지시에 따른다.

이윽고 댐을 붕괴시킨 홍수가 노도처럼 밀려왔을 때 부원 한 사람은 귀여운 소녀를 물속에서 구출하여 빌딩 옥상으로 데리고 온다.

한편, 타임 터널 관제실에서는 이 광경을 시종일관 숨을 죽이고 지켜보고 있다. 그들 가운데 오늘 여기를 방문한 상원의원도 그 장

타임터널

면을 뚫어지게 보고 있다. 빌딩으로 피난한 부원이 방금 물속에서 구출한 아이에게 묻고 있다.

『네 이름이 뭐지?』

『줄리, 줄리 보웬이에요.』

무서운 수해를 스크린 위에서 보고 있던 상원의원은 그 때 어렸을 적 할머니에게서 들은 이야기를 생각하고 있다. 할머니는 여덟 살 때 존스타운에서 수해를 만나 순식간에 고아가 되고 말았다고 한다. 그리고 그녀의 이름은 줄리 보웬.

상원의원은 이 계획의 필요성을 인정하고, 대통령을 만나 최대의 원조를 요청할 것을 확약한다.

SF 작가의 고충

상원의원 얘기의 마지막 대목은 너무 기회주의 같지만, 거기가 픽션인 것이다. 가급적 관련시켜서 인과관계를 삽입하는 편이 이야기는 재미있게 된다.

다시 소설 타임 터널에 대해서, 그 후 인디안 습격의 장면에도 작자는 고심하고 있다. 아도비 월즈의 전투는 사실이며, 백인 측이 새벽녘인데도 불구하고 잠든 틈을 타서 습격을 당하지 않았던 것은 습격 조금 전에 오두막의 마루기둥이 큰 소리를 내며 부러져서 그 때문에 모두가 잠이 깨고 말았다고 하는 것도 사실인 모양이다.

잠이 깨고 만 20여 명의 개척자들은 따분해서 둘러앉아 커피를 마시고 있는데, 그 때 총을 가진 천 명도 넘어 보이는 인디언들이 말을 타고 달려온다.

오두막 안의 백인들은 즉시 창을 닫고 응전하여 며칠 동안의 농성 끝에 마침내 아군 기병대의 구원을 받는다.

소설 타임 터널에서는, 개척 무리에 섞인 두 부원(部員)은 다음 날 아침의 적의 습격을 집요하게 역설하지만, 아무도 곧이듣지 않는다. 그래서 그들은 새벽녘 전투가 일어나기 조금 전에 고의로 마루기둥을 부러뜨려서 사람들 전부를 잠에서 깨운다는 식으로 라인 스터는 줄거리를 이끌어 간다.

하여간 타임 터널에서는 과거로 인간을 보내 보았지만, 결국 역사는 변하지 않았으며, 따라서 현재의 상태도 전혀 변하지 않는다고 하는 결론이 지어져 있다.

과거로 달려가 버린 두 부원에 대해서 『결코 역사를 혼란시키는 행동을 절대로 해서는 안 된다.』고 상원의원은 기계를 통해서 외쳐대지만 그것은 쓸데없는 걱정이었다고 하는 것이 이 소설의 결말로 되어 있다.

타임머신이 가능하거나, 시간의 망원경이 완성되더라도 결국은 좋지 않은 사정은 일어나지 않는구나, 그렇다면 걱정할 것 없다 하고 안심해서는 안 된다.

이상의 이야기는 소설이기 때문에 순조롭게 모순 없이 진행된 것이며, 가령 정말 타임머신이 있다고 한다면 그렇게 모든 것이 좋게 되는 것은 아니다.

이것을 픽션을 쓰는 입장에서 말한다면 역사가 혼란되지 않도록 사리를 잘 맞추면서 이야기를 써 나가지 않으면 안 된다는 것이며 거기에 SF 작가의 고충이 있게 되는 것이다.

여러 가지 타임머신

인간이 과거나 미래로 여행한다고 하는 발상은 SF 소설에 알맞은 제재이며, 웰즈, 라인스터에 한하지 않고 많은 작가가 여러 가지 형태로 다루고 있다.

아이작 아시모프

1920년에 러시아에서 태어나서 곧 미국으로 이주하여 귀화한 아이작 아시모프(Isaac Asimov, 1920~1992)는 과학자로서 많은 계몽서를 저술하고 있지만 SF 작가로서도 유명하다.

그의 작품에서는 스테이시스머신이라는 실험실이 만들어지고 그 방 안의 사람들만이 과거로 가도록 장치되어 있다. 연구가들은 수십만 년의 과거에서 원시인의 아이를 데리고 온다. 이 연구소에 한 소녀가 드나들면서 원시인의 아이를 대단히 귀여워한다.

나중에 원시인을 과거로 돌려보낼 때 소녀도 그대로 과거로 가버리고 결국 그 행방이 묘연해지고 만다.

그 밖에 폴 앤더슨(미국)의 것은 터널 속을 열차가 달리고 열차의 진행 순으로 시대를 따라 역사를 볼 수 있게 되어 있다.

R. A. 하인라인(미국)의 작품에서는 기계 조작실의 안쪽으로 문이 달려 있고 기계를 움직임으로써 원하는 시간과 공간을 문 맞은편에 출현시킬 수가 있다.

시간 여행자는 구형(球形)의 용기에 들어가거나(이를테면 미국의 올리버의 작품), 우리 속에서 기계를 조절해서 시간여행을 하는 것(미국의 작가 셀의 것) 등 기계의 종류는 갖가지이지만, 인간이 과거나 미래에 간다고 하는 점에서는 공통되고 있다.

시간 여행자는 여행 중에 보내는 시간의 길이가 현재에 머무르고 있는 사람들의 그것과 비교해서 장단(長短)을 말하게 된다면 이것은 각각 다르다.

대부분의 작품에서는 시간의 경과는 같다고 하는 가정 하에서 이야기가 진행되고 있는데―다시 말해서 500년 전의 역사 속에서 여행자가 하루를 경험한다고 하면 관제실 쪽도 마찬가지로 하루의 시간이 지나간다―개중에는 시간 여행자가 기나긴 경험을 하고 돌아오면 현재 쪽에서는 불과 5분밖에 지나지 않았다고 하는 것도 있다(앞에서의 올리버의 구형 머신).

이것은 우리들이 경험하고 있는 꿈을 꾸는 것과 비슷한 것이다(새벽녘의 짧은 시간 동안에 상당히 긴 시간에 걸친 꿈을 꾼다는 것은 많은 독자가 경험하고 있을 것이다).

타임머신과는 약간 다르지만 영화 《천국으로 가는 계단(Sky Ladder)》은 이미 극단적인 경우이며, 현실의 시간 경과는 0(제로)인데도 주인공은 0시간에 평행(?)하여 여러 가지 경험—예를 들면 천국으로 가는 계단을 올라간다—을 한다.

그렇지만 이것과 반대의 이야기도 있는데, 우라시마타로(浦島太郎 : 일본의 우화. 주인공이 거북등에 타고 용궁에 갔다 온 이야기로서 우리나라의 별주부전과 비슷하다)는 그의 전형일 것이다.

입장이 바뀌지면 시간의 경과도 달라진다고 하는 것은 상대성원리에서는 가능하지만—그러기 위해서는 입장이 다른 양자(兩者) 사이에 상당한 상대가속도(相對加速度)가 필요하며, 현실의 문제로서는 도저히 생각할 수 없지만—동화 속에 상대론적인 사상이 포함되어 있는 것은—물론 의식하고 다룬 것은 아니겠지만—대단히 흥미있다.

픽션 속의 인과율

소요 시간의 길이는 그렇다 치고, 문제는 타임머신의 이야기 속에서 인과율을 어떻게 처리하고 있느냐이다.

웰즈의 소설처럼 미래로 가는 경우에는 인과율의 모순을 피해갈 수도 있다.

이것도 이치로만 생각한다면 가까운 장래를 견문(見聞)하고 돌아온 여행자가 그 견문한 사항의 원인을 재빠르게 제거하면 소설은 딜레마에 빠지지만, 80만 년이나 미래라 하게 된다면 그 미래를

두 사람의 자기 딜레마

변경하기는 현재의 노력 정도로는 어찌할 도리가 없다는 결과가 되며 모순도 별로 표면에 나타나지 않는다.

그러나 현재의 지식을 가진 자가 과거에 가거나 가까운 미래로 여행하거나 하는 경우에는 소설의 구성상 어떤 형태로 모순을 해결—해결하는 것은 원리적(原理的)으로 불가능하기 때문에 될 수 있으면 모순이 되지 않는 모양으로 끝맺음한다—할 필요가 있게 된다.

그래서 타임 패트롤이라는 경찰과 같은 기관을 설치하고 조금이라도 역사를 왜곡하려는 무분별한 자가 나타나면 엄벌에 처한다고 하는 식의 급거 대책을 끌어내게 된다.

실제로 이런 권력이라도 도입하지 않는다면 역사의 사리를 맞추어 갈 수가 없다.

이제 하나의 해결책으로는 인간의 자유의사 이외에 좀 더 큰 우주의 의지(?)가 작용하고 있다는 가정이다. 인간이 과거에 가서 거기서 어떤 행위를(흉악한 짓이나 혹은 갑자기 소녀를 구조한다는 휴머니스틱한 행위 어느 쪽이나 상관없지만) 저질렀다고 해도 실은 이것이 자연의 법칙 속에 이미 씌어져 있는 것이며, 인간은 그 줄거리에서 밀려나지 않았다는 식으로 이야기를 이끌어 가는 것이다.

라인스터의 수법 등은 이 방법에 가깝다. 그러나 생각해 보면 이것은 인간의 사유의사의 부정과 이이지고(자신으로서는 자유의사를 가지고 있는 것 같아도 대국적으로 보면 그렇지 않다는 것을 말하고 있다) 상식 있는 사람들의 공감은 얻지 못할 것이다.

과거로 간 인간이 자기의 의사가 아니고 꼭두각시처럼 단순히 기계적으로 움직이는 것뿐이라면 모처럼의 타임머신의 가치도 반감하고 만다.

게다가 이런 방법으로 이야기를 만들어 가면 아무래도 타임 터널의 마지막 부분과 같은 기회주의에 빠지기 쉽다.

어쩔 수 없는 인과율

시간을 초월한 이야기를 생각해 보면—인간이 움직이는 타임머신이 되든, 혹은 단순한 정보 방수(傍受)만 하는 시간의 망원경과 같은 것이 되든—아무래도 심상치 않다.

심상치 않은 가장 단적인 한 예로서 이런 것은 어떨까?

20세 청년이 타임머신을 타고 10년 전의 자기 집으로 간다. 거기서 대결하게 되는 것은 20세인 자기와 10세의 자기다. 진짜 자신은 대체 어느 쪽인가?

자기라는 인간은 사물을 판단하는 이성을 가지고 있고, 좋고 나쁜 감정에 움직여져 여러 가지 욕망을 가지고 있는데, 그와 같은 것을 생각하는 두뇌는 20세 쪽의 자기에게 있는 것인가, 아니면 10세 쪽의 자기 머릿속에 들어 있는 것인가?

가령 어떤 이유로 그 두 사람이 싸움을 하게 되었다고 하면 자기는 어느 쪽이 이기도록 노력해야 되는 것일까?

결투란 상대를 쓰러뜨리지 않으면 자기가 죽는다고 하는 것이

원칙인데, 이 경우에 한해서 결투를 결의한 순간 승패 여하에 관계 없이 자기는 죽게 되는 것이다.

도저히 이유를 알 수 없는 문제이며, 결국은 타임머신에 관한 한 인과율은 어쩔 수 없이 그저 그런 대로 탄로 나지 않도록 이야기를 마무리 짓는다고 하는 것이 가장 현명한 것 같다.

더구나 개중에는 대담하게 소설 속에서 과거를 바꾸어 놓고 그 효과가 현재의 인간에게까지 영향을 미치게 된다, 라고 하는 이야기도 있다.

미국의 작가 윌리엄 텐의 것으로서는 시간 여행자가 과거의 세계에서 작은 동물 A를 눌러 죽여 버린다. 실은 이 시간 여행자는 작은 동물 A로부터 진화한 것이며, 그도 그 순간 사라져 버리고 만다.

한편 작은 동물 A와 싸워서 부상당할 뻔한 작은 동물 B는 완전한 형태로 살아남게 된다. 실험실에서 타임머신을 제어하고 있는 지금 한 사람의 과학자는 작은 동물 B의 자손이며, A의 죽음과 더불어 이 과학자는 인간과는 닮지도 않은 괴물의 모습으로 변하게 되는데, 그는 그것을 깨닫지 못하고 기계조작에 전념하고 있다.

또한, 만약 타임머신이 생겨 현대인이 과거의 세계로 들어갔다고 해도 그저 구경만 한다면 별 문제가 없다. 하지만 현대인이 과거의 세계 속에서 어떤 일을 한다든지 하면 여러 가지 골치 아픈 사건들이 벌어질 것이다.

왜냐하면 모든 사건에는 원인이 있고 반드시 그 원인에는 결과가 따른다는 인과율(因果律) 때문이다.

이를테면, 현대인이 옛날 원시사회로 들어갔다고 치자. 그러면 현대인은 불을 지피는 데도, 사냥을 하는 데도, 혹은 씨를 뿌리거나 물건을 나르는 것도 신경질이 나서 가만히 보고 있을 수가 없을 것이다. 그래서 현대인이 현대식으로 발달된 방법으로 밭도 갈고 비료도 주고 물건을 나르는 수레도 만들어 준다면 큰일이다.

원시인들의 문명이 한꺼번에 몇 천 년분이나 발달해 버리게 되는 셈이 된다. 그렇게 되면 그 후의 역사의 전개가 달라져 실제의 인류가 걸어온 과거의 역사와 딴판이 되어야 한다는 이야기가 된다.

또 이런 일이 있을 수도 있다.

가령 과거를 여행하는 자가 길가의 돌을 발로 걷어찼다고 하자. 그 돌에 채인 말이 놀라 마차가 전복된다. 거기서 젊은 승객이 사망했다면 그 승객의 자손, 게다가 현재 살아 있는 자손은 어떻게 될 것인가?

그 승객이 만일 콜럼부스의 선조이기라도 했다면? 지금에 와서 미국의 역사와 현상은 바뀔 것인가?

혹은 종두를 발명한 제너의 부친의 젊었을 때였다면? 많은 천연두에 걸리지 않고 살아남은 선조들의 자손들이 순식간에 사라져 없어져버릴 것인가?

생각만 해도 큰일이 아닐 수 없다.

만약 그 젊은이가 레오나르도 다빈치의 선조였다면 마차가 뒤집히는 순간에 이 세상에 있는 모나리자의 모든 그림—복사본으로 인쇄된 것이나, 모방본 등 모두—은 증발한다는 것인가?

이와 같이 과거의 세계에 현대인이 등장하면 현대인들은 좀이 쑤셔서 가만히 있지를 못해 반드시 무슨 일을 저지를 것이다. 그렇게 된다면 그 후로부터는 역사가 자꾸 바뀌므로 현대인이 타임머신에 들어갈 때마다 역사책을 다시 써야 하니, 일정한 역사라는 것은 없어져 버리게 된다.

끊임없이 변화하는 과거, 그리고 현대인이 갑자기 사라져버리기도 하고, 누군가의 자손이 갑자기 나타나기도 하니 묘한 일들이 일어날 것이다.

더욱 우스운 일은 타임머신으로 10년 전의 세상으로 되돌아갔다고 하자, 그러면 어떻게 될까?

10년 전에 나이가 10살 많은 자기가 나타나야 할까? 혹은 현재보다는 10살이 어린 자기가 나타나야 할까?

10년 전이니 지금보다 10살 어린 자기가 나타났다고 하자.

그리고는 예를 들어 약을 먹고 죽었다면 현재의 자기도 같이 죽는다는 이야기가 된다. 그러면 그 후에 실제로 살아 온 10년은 어떻게 되는가 하는 문제도 나온다. 그러니 여러 가지로 복잡하고 골치 아픈 일들이 일어나게 된다.

그래서 과거의 역사를 바꾸지는 않고 구경만 하면 되지 않겠느냐 하는 생각에서 고안된 것이 초광속(超光速)을 다루는 기계이다. 이것은 빛의 속도(1초에 30만 킬로미터)보다 훨씬 빠른 속도로 우주를 날아다니면서 빛보다 훨씬 빠른 전자파(電磁波 : 빛이나 전파)를 내보내기도 하고 받기도 하는 기계장치이다.

이 논법에서는 현재의 인간은 시간여행을 함으로써 과거를一따라서 그로부터 유래하는 현재까지도 바꿔 놓는다는 것이 가능해지게 되는 것이다.

그렇게 된다면 이것 또한 큰일이다. 우리들이 몸을 지킨다는 것은 현재만을 방어해서는 안 되는 것이다. 훨씬 과거의 선조에까지 소급해서 각 시대 전부에 걸쳐 자기를 방어하지 않으면 안 된다.

그렇게 언제까지 손이 미치게 될지 어떨지, 그 정도까지는 잘 모르겠다. 자기 어린 시절, 부모, 조부 모두 어느 시대나 의지를 가지고 있었기 때문에 각 시대에서 각자 신변에만 조심하면 되는 것인가.

이와 같은 패러독스, 혹은 불가해한 사항은 파고들자면 끝이 없다.

요컨대 타임머신 혹은 시간을 역전해서 자연계에 일어나는 여러 가지 사항을 인식한다고 하는 이야기는 인과율과는 본질적으로 양립할 수 없는 것 같다고 하는 것이다. 그렇게 되면 이 책은 본제(本題)인 초광속 입자라는 것도 결국은 공상의 산물에 지나지 않는다라는 결과가 되는 것일까?

PART 2. 시간의 역행은
가능한가?

reverse of time

······while ladies draw their stockings on.
The ladies they were are up and gone······

부인들이 스타킹을 신고 있는
그 순간에도 시간은 역시 지나가고 있다.
당신에게 바람맞기가 싫다고 말입니다······
— 오그덴 나시

영원한 질문

시간이란 무엇인가 하고 진지한 얼굴로 묻는다 해도 그에 대해서 올바른 해답이 나오리라고는 기대할 수 없다.

『머리가 약간 이상한 게 아닌가?』

하고 말하지는 않는다 해도 정말 한가한 사람이라든가, 잔걱정이 없는 인간이라 여겨지는 게 고작이다. 매사를 생각할 만한 사람이라면 누구나 그런 것보다 그 밖에도 걱정해야 할 일들이 산더미처럼 쌓여 있기 때문이다.

학생이라면 시험 걱정을 하지 않으면 안 된다. 샐러리맨이라면 상사에게 제출해야 할 서류를 어떻게 작성할 것인지 걱정이며, 경영자라면 수표 결제 날이 머리에서 떠나지 않고, 농업·어업에 종사하는 사람이라면 수확의 다과(多寡)가 눈앞의 문제다. 직접 직업을 갖지 않은 사람도 연애문제, 육아에 대한 마음 쓰임 등 아무튼 이 바쁜 세상에,

『시간이란 무엇인가?』

하는 따위의 무사태평한 생각을 하고 있을 여유는 없다.

평론가나 학교 선생은,

『안보문제에 대해서 어떻게 생각하는가?』

『공해문제에 대해서 우리들은 어떻게 대처해야 되는가?』

『공업의 고도성장은 계속될 것인가?』

『교육부의 입시제도에 대해서 어떻게 생각하는가?』

『대학의 이념이란 무엇인가?』

등의 질문에 대해서는 대답하지 않으면 안 된다. 그러나,

『시간이란 무엇인가?』

하고 물으면 눈을 희번덕거릴 뿐 이에 답하지 않아도 위신(?)이 추락되지는 않을 것이다. 때문에 사회자나 학생이나 처음부터 그런 헛된 것은 묻지 않는다.

그렇지만 시간이란 무엇인가 하는 것은 옛날 그리스시대 때부터 화제가 되어 있었다. 더구나 그리스인은 생각하는 것만이 유일한 취미였던 것 같은 점이 있기 때문에 『시간』이라는 추상물은 그들에게 있어서 사색의 대상물로서 안성맞춤의 재료였는지도 모른다.

지나가는 것은 당신 쪽인가?

『강의 물은 끊임없이 흐르고 본래의 물이 아니로다.』

라는 말이 있고, 그리스의 철학자 헤라클레이토스도 가고 오는 『시간』을 흘러가는 강물에 비유해서, 강물은 끊임없이 흐른다. 우리가 첫 번째 발을 담그는 물은 이미 하류로 흘러갔다. 그래서 두 번째 발을 담그는 물은 첫 번째 담그는 바로 그 강물이 아니다. 이것을 일반화하면 『만물은 유전(流轉)한다』는 말이 된다. 이 정식을 확장하면 변화한 것은 강물뿐이 아니다. 강물에 발을 담그는 나 또한

다르다. 첫 번째 발을 담그는 나와 두 번째 발을 담그는 나는 동일한 내가 아니라는 이야기다.

그의 제자 크라틸로스는 인간이란 시간의 강가에 잠시 멈춰 서는 방관자라 생각하고 강물만이 시간과 마찬가지로 사람의 존재에 관계없이 그저 무심히 흘러간다고 하는 비유를 하고 있다.

19세기 영국의 시인 오스틴 돕슨은 『시간의 패러독스』라는 재미있는 시를 지었다.

Time goes, you say? Ah no!
Alas, time stays we go,

시간은 지나간다고 그대는 말하는가? 오, 천만에!
시간은 가만히 있고 지나가는 건 우리 자신 쪽이라네,

이런 얘기가 되고 보면 시간이라는 것도 의식의 문제가 되는 것 같다. 자연현상 속에 부동(不動)한 것을 가정하고 우리들의 사물을 보는 눈, 판단, 감수성, 의식, 그러한 것 쪽이 한없이 변하고 있다고 하는 사고방식도 성립될 것이다.

시간의 경과란 무엇인가? 이제 잠깐 감각적인 면에서 살펴보고 가도록 하자.

만화의 순서

여기에 네 컷의 만화가 있는데, 그 순서가 뒤죽박죽되어 있다. 어떻게 나열하면 올바른 순서로 될까?

소위 만화 퍼즐이며, 어려운 문제가 아니다. 네 개의 그림을 잘 보면 알 수 있도록 처음부터 순서대로,

C. 남녀가 보도 위에서 서로 지나쳐 간다.

B. 지하철의 환기통 위를 걷고 있던 여자의 스커트가 치켜 올라가는 난처한 상태가 된다.

D. 남자는 이것을 넋을 잃고 쳐다본다.

A. 한눈팔며 걷고 있던 남자가 전신주에 쾅.

이라는 줄거리며, 이것 외에는 생각할 수 없다.

어떻게 우리들이 뒤죽박죽된 그림의 순서를 알 수 있는가? 그것들 사이에 원인과 결과의 관계가 있기 때문이다.

스커트가 치켜 올라간 상태가 되었기 때문에 남자가 넋을 잃고 보게 된다. 넋을 잃고 보았기 때문에 부딪친다. 따라서 C→B→D→A의 순서이며 시간의 경과도 이와 마찬가지다.

그림에는 시계가 그려져 있지 않다. 그럼에도 불구하고 시간의 순서를 알 수 있는 것은 원인과 결과와의 관계가 당연히 시간의 순

A : 남자, 전신주에 부딪친다.

B : 어머나!

C : 남녀가 걸어온다.

D : 남자, 뒤돌아보면서 걷는다.

그런데, 바른 순서는?

서에 입각해서 일어나고 있다고 생각할 수 있기 때문이다.

만화의 순서를 먼저 판단하고 그에 부수하는 것으로서 시간의 경과를 적용시켜 주는 것이며, 이렇게 되면 앞에서 말한 것처럼 우리들의 의식이 중심이 되어서, 시간이란 그 의식(意識)을 모순 없이 순서를 정하는 요소에 지나지 않는다고 하는 사고방식도 반드시 무시한 것은 아닌 것 같다.

인과율에 밀착하는 시간의 순서

그러면 이제 또 다른 네 컷의 만화를 보도록 하자.

심술쟁이 영감이란 만화인데, 이번에는 일단 A, B, C, D 의 순서에 따라 보도록 한다.

A. 영감, 필리핀 지도를 보면서 뭔가 멋진 짓궂은 아이디어가 떠오른다.

B. 영감, 장난감 코브라를 많이 만들기 시작한다. 보기에는 꼭 진짜 같다.

C. 나왕목재 수입공장 근처에서 지나가는 사람이 코브라를 보고 깜짝 놀라게 된다.

D. 이제 큰일, 부근 사람들은 대대적으로 산을 뒤져서 코브라를 퇴치하려고 한다. 뒤에 숨어서 영감, 힛힛.

물론 시간적으로도 A→B→C→D이며, 이것으로 이야기의 사리

A : 심술쟁이 영감, 멋진 아이디어가 떠오른다.

B : 심술쟁이 영감, 장난감 코브라를 만든다.

C : 코브라를 보고 깜짝 놀란다.

D : 코브라 퇴치.

그런데, C, D, A, B의 순서로 본다면······

는 충분히 맞는다.

그러나 이것을 C→D→A→B의 순서로 본다면 어떨까? 최초 나왕목재 공장 부근에서 코브라를 발견하고 이건 큰일이다 해서 총출동하여 코브라 퇴치. 이 사실에 힌트를 얻어서 영감은 장난감 코브라를 많이 만든다. 사람을 놀라게 하고 세상을 떠들썩하게 하려는 심사다.

이상과 같은 해석도 모순 없이 행해져 시간적으로는 물론 C와 D가 먼저이며 A와 B가 나중이 된다.

다시 말해서 원인과 결과를 뒤집어 생각해도 될 수 있는 경우가 있지만, 원인에 상당하는 시간은 항상 과거, 결과 쪽이 미래가 되는 것에는 변함없다.

피네간의 추도회

시간의 순서라는 것이 만일 인과율에 의해서 정해진다고 한다면 A에서 B, B에서 C, C에서 D, 그리고 다시 D라는 원인에서 A가 유도된다고 하게 된다면 시간의 앞뒤라는 것은 어떻게 해석하게 될 것인가?

이로 인해 자주 인용되는 것은 《율리시즈》로 이름 높은 아일랜드의 작가 제임스 조이스(James Aloysius Joyce)의 소설 《피네간의 추도회(追悼會)》이다.

피카소의 그림을 보아도 필자 따위는 확실히 이해할 수 없는 것과 마찬가지로 이 시행적(試行的) 소설[혹은 전위소설(前衛小說)이라고 하는 것이 좋을지도 모르겠다] 또한 극히 난해하다고 말하고 있다.

게다가 번역 불가능(타국어로 번역한다는 것은 마치 피카소의 그림에서 이것이 눈이다, 또 이것이 코다 하고 어림하는 것과 같은 것)하다는 것인데, 특히 흥미있는 것은 작품의 마지막이—스토리뿐만 아니라 문장까지도—그대로 맨 앞의 것과 결부되어 있어서 소위 엔들리스(endless)의 형태를 이루고 있다는 것이다.

조이스는 이것을 아일랜드의 수도 더블린을 흐르는 리피 강의 물에 비유해서 시간의 경과는 마치 강을 흐르는 물과 같이 여기저기 표류하다 마침내는 바다로 흘러 들어가고, 그것은 다시 상류로 되돌아가 강을 흐르게 한다고 표현하고 있다. 조이스는 이 소설에서 세상의 윤회(輪廻)를 역설한 것인지도 모른다.

이런 문학적인 이야기에 물리학자의 학설을 적용시키는 것은 촌스러울지 모르겠지만, 네덜란드의 천문학자 빌럼 더 시터르(Willem de Sitter)는 시간에 대해서 끝없는 윤회를 생각했다.

아인슈타인은 상대론의 발표와 동시에 하나의 우주 모형을 제창했는데, 이에 의하면 3차원의 공간 쪽은 닫혀져서 둥글게 이어져 있지만, 시간 쪽은 과거로부터 미래에 걸쳐 곧바로 뻗치고 있다.

이 때문에 아인슈타인의 모델은 원통(圓筒) 우주라 불리는데, 이에 대해서 1920년 경(일반상대론 바로 뒤) 더 시터르는 시간마저도 둥글게 닫혀 있다고 생각하고 있다. 다시 말해서 4차원의 공간

(공간의 3차원과 시간의 1차원)이 공의 표면처럼 만곡(彎曲)되어 이어져 있으며, 끊어진 자리라는 것이 없다.

대체 어느 쪽이 진짜인가? 시간은 계속 가기만 하는 것인가? 오랜 경과 후에 다시 되돌아오는 것인가. 현재로서 이것들을 입증할 만한 증거는 아무것도 없다.

인간이 관측하는 수단, 혹은 기계에 대해서 우주는 너무 넓고 시간은 너무 길기만 하다. 피네간의 추도회처럼 윤회는 돌고 도는 것인가, 아니면 과거는 두 번 다시 돌아오지 않는 것인가?

여담이 되겠지만, 현재의 소립자론(素粒子論)에서 수많은 소립자를 다시 몇 개의 기본적인 입자에서 설명하는 시도로서 쿼크(quark)라는 것이 연구되고 있다. 이것은 사카다(坂田) 모델을 바꿔 말하는 것인데, 이 쿼크라는 이름이 역시 《피네간의 추도회》에서 인용되고 있는 것은 흥미롭다.

세상은 p(전하 2/3), n(전하 −1/3), λ(람다, 전하 −1/3)의 3종류의 쿼크로 이루어져 있으며[더구나 이들의 반입자(反粒子)도 존재하기 때문에 그런 의미에서는 모두 6종류], 이를테면 양자(陽子)는(ppn), 중성자는(pnn), 람다입자(Λ)는 ($pn\Lambda$), 플러스 전기를 가진 파이 중간자 π^+는 ($p\bar{n}$)라고 생각하는 것이다(단지 $\bar{n}$은 쿼크 n의 반입자이다).

소립자론은 어찌 됐든 간에, 겔만이라는 물리학자가 이 가상(假想) 입자에 쿼크라는 이름을 붙이게 된 경위는 피네간의 추도회 속에 나오는 시(詩)에 배 위를 나는 갈매기가 세 개의 쿼크를 라고 울부

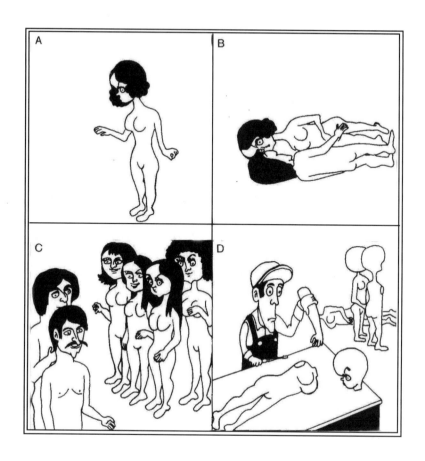

A : 대단한 여성의 누드!

B : 남성의 누드도 나오니, 이건 풍기 문제

C : 누드가 가득!

D : 뭐야, 마네킹 공장이야!

그런데, 사항의 전후는 어떻게 되겠는가?

짖는다고 하는 데서 생각이 떠올랐다고 한다.

아무튼 피네간의 추도회는 과학을 배우는 사람들에게도 여러 가지 신비한 암시를 주고 있는 모양이다.

시간의 객관성

만화를 보고 시간의 순서를 안다고 하는 이야기가 나왔는데, 이번의 네 컷은 어떨까? 이것도 순서대로 보아 가면,

A. 여성 누드로 군침이 꼴깍.
B. 남성 누드도 나오니, 이건 풍기 문제다.
C. 누드로 가득, 혼음 파티인가?
D. 뭐야 마네킹 공장 이야기였다.

아무튼 이것은 가슴을 덜컥 내려앉게 하여 그것을 선동해 놓고 제일 마지막에 안심(?)하게 한다. 일단 이야기 줄거리는 된다. 컷의 순서를 바꿔 놓으면 재미가 없어진다.

그러나 시간적으로는 이 경우는 앞뒤를 정할 수가 없다. 어느 것이 과거가 되고 어느 장면이 미래인가는 이 만화에 관한 한 전혀 무의미하다. 네 컷 모두 같은 시각의 것으로 시선만을 변화시켰다고 해석해도 된다.

이런 예를 생각하게 되면 사물의 순서를 따라서라는 것이 항상

시간의 경과와 같이 일어나지는 않는 것 같다.

흥미의 추이라든가 이야기의 순서는 따로 떼어놓고 시간이라는 것을 좀 더 객관적으로—혹은 과학적으로—검토해서 하지 않으면 안 된다는 것이 된다.

그래서 물리학의 입장에서 시간—특히 그 역행의 가능성—을 생각하는 경우에 다음과 같은 방법이 있다는 것을 소개하여 둔다.

(1) 양자역학적인 기술 가운데서의 시간을 나타내는 변수 t의 역할에 관해서. 다시 말해서 t라는 좌표축에 대해서 물리적 기술은 대칭이 되어 있는지 어떤지를 단서로 조사해 갈 것.

(2) 상대성원리의 입장에서. 미래로부터 과거로 되돌아가는 현상이 있을 수 있는지 어떤지를 검토해서 할 것.

지금까지는 주로 (2)의 입장의 예비지식을 기술해 왔고, 다음 장 이후에도 주로 상대론을 근거로 시간의 역행성을 탐구해 나갈 예정인데, 이 장에서는 잠깐 (1)의 방법으로 시간이란 무엇인가를 생각해 가도록 한다.

대칭성의 이용

앞에서 쿼크에 대해 기술했는데, 현재 소립자라고 하는 것이 과연 쿼크로 이루어져 있는 것인지 현시점에서는 불투명하다. 소립자, 즉 광자·전자·파이 중간자·양자·중성자, 기타 여러 가지의 것이 어떤 견해 하에서 통일적으로 설명할 수 있느냐는—물리학의 가장 본질적인 문제이지만─현재 아직 해결되어 있지 않다.

그러나 수많은 소립자를(이것저것 무엇이든 조금이라도 성질이 다른 입자를 전부 따로 따로 계산해 보면 300여 종에 이른다) 통합하는 가장 유효한 수단의 하나로 대칭성이라는 것을 이용하는 방법이 있다.

간단히 얘기하면, 인간 혹은 기타 많은 동물은 신체의 외관이 좌우 대칭, 즉 좌우가 같기 때문에 그의 반을 보기만 해도 대개 그 전모를 알 수 있다. 다만 넙치 같은 물고기나 인간의 내장은 이에 속하지 않는다.

왼쪽 절반을 뢴트겐으로 들여다보고 심장은 두 개 있다고 해서는 안 된다. 이것들은 예외로 하지 않으면 안 된다.

소립자론에서 말하는 대칭이란 이와 같이 형태의 좌우가 같다는 뜻이 아니라(전자나 양자에서도 그것이 둥글다든가 직사각형이라고 정하는 것은 무의미하다. 소립자에 형태 같은 것은 없다), 그것을 거울에 비쳤을 때 거울 속에서의 행동이 거울 이쪽과 아주 똑같은 물리법칙에 따르고 있느냐 하는 것이다.

이와 같이 하나의 물리현상이 있을 때 이것을 거울 속에 비치는 조작을 P 반전(反轉)이라고 하는데(P는 패리티 즉, 짝수 홀수 어느 쪽이냐 하는 의미), P 반진을 해도 물리법칙은 마찬가지로 성립되는가를 조사하는 것이 소립자론의 중요한 과제인 것이다.

이에 대한 상세한 것은 뒤로 미루고 거울에 의한 반전, 즉 공간의 반전을 생각한다면 당연히 시간의 반전도 고려하지 않으면 안 된다. 과거를 몽땅 미래로, 미래를 그대로 과거로 뒤집는 것이며 이것을 T 반전이라 한다(T는 타임이다).

반전에 대해서는 실은 또 한 가지 생각하지 않으면 안 된다. 전자(電子)에 대해서 이것과 반대의 입자, 전자와 반대의 정전기(正電氣)를 가지고 있어서 만일 전자와 충돌하면 감마선이 되고 마는 양전자(陽電子)라는 것은 상당히 일찍부터 발견되어 있었는데(1932년에 앤더슨에 의해 발견되었다), 전자에 한하지 않고 어느 소립자에도 반드시 반입자가 존재한다(광자나 전기를 갖지 않은 파이 중간자에는 반입자가 없지만 이 경우에는 그 자신이 반입자이기도 하다고 생각하면 된다).

입자를 반입자로 바꿔 놓는 반전을 C 반전이라 하고[C는 전하공역(電荷共役, charge conjugation)에서 나오고 있다], 결국 P, C, T 혹은 이것들 두 개 이상의 반전을 짝지었을 때 이야기는 어떻게 되는가 하는 것을 근거로 소립자의 일반적인 성질을 조사할 수 있게 되는 것이다.

시간 반전을 한 경우에 모순은 일어나지 않는가 하는 것이 실은 이 책이 목적하는 것인데, 그러기 위해서는 같은 종류의 P 반전이나 C 반전, 나아가서는 PC 반전이 갖는 성격도 연구해 나가지 않으면 안 된다.

추상적인 얘기로는 이해하기 어렵기 때문에 이들 사항에 대해서 좀 더 구체적으로 생각해 나가자.

P 반전

P 반전이란 것을 이해하기 쉽게 비유하면서 설명해 가도록 하자. 극미(極微)한 세계인 소립자의 현상을 현실의 화제로 바꿔 놓는 것이니 다소 무리가 나타나게 되는데, 그 점에 대해서는 눈감아 주기를 바란다.

예를 들면 스포츠 시합, 축구, 럭비, 배구, 농구 등을 멀리서 관전하고 있다고 하자. 양 팀이 모두 잘 공격하고 혹은 필사적으로 방어한다. 볼을 좌로 우로, 때로는 멀리, 또 때로는 가깝게 격렬하게 움직이고 있다. 볼을 좇는 눈에 흥미가 진진하다.

이제 구장의 한쪽 옆에 큰 거울을 세워놓고 시합을 그대로 거울에 비췄다고 생각해 보자. 그리고 거울 속의 게임을 관전해 본다. 혹은 시합을 영화로 촬영해서 그 필름을 좌우가 반대가 되도록 스크린에 비춰도 상관없다.

이때 우리들은 좌우가 반대로 된 시합을 보고 부자연스럽게 느끼게 되겠는가? (원경이라면) 아마 그런 일은 없을 것이다. 진짜 게임이라 생각하고 최후까지 흥미 있게 다 볼 것이다. 비전문가가 사진을 인화 또는 확대해서 좌우가 뒤바뀌어졌다는 사실을 오랫동안 깨닫지 못했다고 하는 것은 흔히 경험하는 일이다.

이들 게임은 양 팀이 완전히 대칭적으로 공격하기 때문에 좌우의 구별이 생기지 않는 것이다. 양 팀에 핸디캡이 없는 것이 시합의 기본 정신이며, 이 정신에 준해서 거행된 동군과 서군의 싸움에는 불평등이 있어서는 안 된다.

다시 말해서 거울 속에서 전개되는 시합 운영은 현실의 시합과 다름없이 종종 행해져서 특별하게 다른 것은 없다고 결론지어도 된다.

이상과 같은 것을 단언할 수 있을 때 축구나 배구나 P 반전에 대해서 대칭이라고 한다.

소립자의 세계도 마찬가지로, 우로 달리는 입자와 같이 좌로 달리는 것도 있고, 우회전과 같은 빈도로 좌회전도 일어난다. 이 복잡한 운동도 모두 동등하며, 우가 우선이라든가 좌를 보다 중시한다고 하는 근거는 전혀 없다고 생각되고 있었다.

이와 같이 P 반전에 대해서 대칭이라는 것을 별명(別名)으로 패리티(parity) 보존의 법칙이라 한다.

대칭성의 깨짐

그런데 1956년에 와서 대단한 것이 발견되었다. 확고한 신념이라 생각되고 있던 <패리티 보존의 법칙>이 깨진 것이다. 이것도 비유해서 얘기를 추진해 가자.

대부분의 게임이 적, 아군이 같은 행동을 하는 데 대해서 야구(및 이와 비슷한 크리켓 등)에서는 양 팀의 동작이 전혀 다르다. 일정 기간 중 한쪽은 공격만 하고 상대편은 방어에 전념하는 것이며

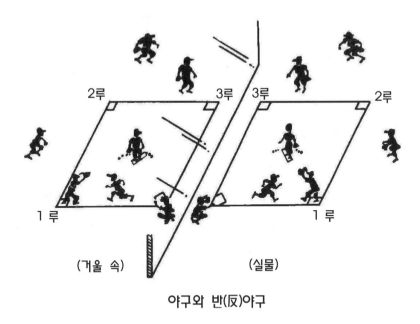

2루   3루   3루   2루

1루   1루

(거울 속)   (실물)

야구와 반(反)야구

경기의 형태로서는 드문 것이다.

경기의 성격은 어떻든 야구장을 큰 거울에 비쳤다고 하자. 당연히 거울 속의 시합에서는 러너가 1, 2, 3루로, 즉 시계방향으로 달리게 된다.

그러므로 거울 속에서 행해지고 있는 야구는 진짜가 아니라는 것이 곧 탄로나고 마는데, 그로 인해 비대칭이라고 당장에 결론내리는 것은 경솔한 생각이다.

실은 이런 면이 비유하기에 곤란한 점인네, 소립자의 경우에는 우로 도는 것은 뒤쪽에서 보면 좌로 도는 것이 되고, 이런 의미에서는 역회전의 소립자가 존재한다는 것은 당연한 것이며(단순히 관측하는 방향이 다를 뿐), 문제는 역회전이 소립자를 많이 모은 경우, 그것들이 보통 방향으로 도는 입자와 비교해서 이상한 성질을 나타내느냐 아니냐 하는 것이다.

그러므로 야구에 비유하는 경우에는 반대로 도는 야구(홈 베이스에서 보아 좌가 1루, 우가 3루, 타자는 물론 1루로 달린다)를 가정하여 이 이상한 야구를 했을 때 보통의 시합과 비교해서 다른 결과가 나타나느냐의 여부가 문제가 되는 것이다. 타율, 득점수, 홈런 수가 정식 시합과 비교해서 통계적으로 같다면 P 반전에 대해 대칭, 다시 말해서 패리티는 보전된다 하고, 결과가 다르면 비대칭이다.

선수는 물론 보통의 시합의 경험자를 그대로 기용한다. 따라서 오른손잡이, 우타가 대부분이다. 그런데 결과는 어떻게 될 것인가?

수비 측의 유리한 점으로 땅볼은 비교적 1, 2루로 많이 날아올 것이다. 이런 의미에서 타자를 아웃시키기 쉽다.

외야로 날아가는 타구도 1루수 후방의 외야수(이것을 레프트라 하느냐 라이트라 하느냐는 말만의 문제이며 어떻게 되든 상관없지만, 일단은 레프트로 해두자)로 날아가는 일이 많을 것이다. 이 외야수의 어깨가 강하다면 레프트 앞에 떨어진 공으로 타자를 1루에서 아웃시키는 장면이 나오게 될지도 모른다.

이상이 수비 측의 이점인데, 불리한 면이 훨씬 많다. 우선 대부분의 타자로서는 타석과 1루와의 거리가 조금이라도 짧아지고, 게다가 배팅한 자세에서 바로 스타트할 수 있다.

수비 측에 치명적인 결점은 2루수, 3루수, 유격수 모두 땅볼을 잡아서 1루에 송구할 때 대단히 던지기 어렵다[보통시합에 나와 있는 선수를 그대로 역회전의 야구에 기용하고 있다는 것에 주의를 할 것. 예를 들면 보통야구에서 유격수(이 시합에서는 세컨드)의 위치에서 잡은 땅볼을 3루로 던지기 어렵다는 것은 자신이 해보면 곧 알 수 있다].

따라서 역야구에서는 내야안타가 많아져서 양 팀 모두 득점이 많아지는 것이 아닌가 하고 상상된다.

실제로 이런 이상한 야구는 해본 적이 없기 때문에 무어라 말할 수 없지만, 대부분의 시합의 통계 결과 역야구 쪽이 득점이 많다는 것이 된다면 이것은 이미 공간 반전에 대해서 대칭이라고는 말할 수 없다

축구라든가 배구 같은 경기에서는 괜찮지만, 야구라는 새로운 게임의 등장으로 P 반전에 대한 대칭성은 깨어졌다고 말할 수 있다. 그리고 소립자에 대해서도 <패리티 보존의 법칙>이 파탄되는 날이 온 것이다.

리·양의 이론

1956년까지는 소립자의 세계에서 일어나는 어떤 사항에서도 이 것을 거울에 비친 현상은 전적으로 같은 빈도로 생긴다고 믿고 있었다. 그런데 이 부동하다고 생각되던 신념에 대해서 중국계의 물리학자 리정다오(李政道)와 양 첸닝(楊振寧)이 클레임을 건 것이다.

원자핵이 파괴될 때 알파 붕괴(원자핵으로부터 알파 입자가 나온다)라든가 베타 붕괴(핵으로부터 전자가 나온다)가 있다는 것은 고등학교 교과서에도 나와 있지만, 이 베타 붕괴 때(소립자론에서는 베타 붕괴 등을 약한 상호작용이라고 말하고 있다) <패리티 보존의 법칙>은 성립하지 않는다는 것이다.

베타 붕괴의 경우뿐만 아니라 일반적으로 약한 상호작용을 할 때는 거울 속과 같은 현상이 같은 확률로 일어난다고 하는 보증은 아무것도 없다고 주장했다. 다시 말해서 반대로 도는 야구에서는 득점수가 다르다고 결론 내린 것이다.

소립자론에 대해서 상세하게 설명하고 있을 여유는 없지만, 강한 상호작용이란 10^{-23}초(1초의 1조 분의 1의 또 천억 분의 1)라는 짧은 시간에 일어나는 소립자 간의 변화를 말하는 것이며, 약한 상호작용은 10^{-10}초(1초의 백억 분의 1) 정도의 시간 내에 행해지는 반응이라고 생각하면 된다. 더구나 그 중간에 전자(電磁) 상호작용이라는 것이 있어서 이것은 10^{-16}초(1초의 1조 분의 1의 1만 분의 1) 정도 사이에 변화가 일어난다.

이 약한 작용에 한해서 패리티는 보존되지 않는다고 한다.

보존성이라는 것은 가급적이면 파괴하고 싶지 않다고 하는 마음이 누구의 가슴에도 있다. 때문에 그들의 이론이 나왔을 때는 그 당돌성에 대해 비터 붕괴의 실험 사실을 잘 설명할 수 없기 때문에 그들도 무디어지고 말았다고 생각한 사람도 있었던 모양이다.

그러나 리·양의 이론은 계속 행해진 우 여사의 실험에 의해서

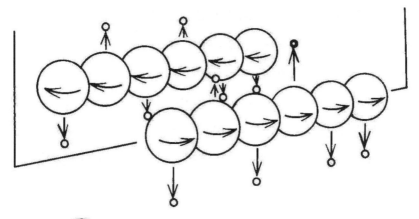

◯→ 는 회전(스핀)을 갖는 코발트

◯ 는 튀어나오는 전자

우 여사의 실험

지지받게 되는 것이다.

우 여사의 실험

원자량 60의 코발트는 베타 붕괴로(즉, 전자를 하나 방출해서) 원자량 60의 니켈이 된다. 그런데 코발트 원자핵은 스핀이라 하여 지구와 마찬가지로 자전하는 성질을 가지고 있다. 코발트의 온도를 낮게 하면 많은 원자핵의 자전 방향을 갖출 수가 있다.

이것을 야구의 베이스처럼 위에서 보고 시계와 반대방향으로 해보면 아래로 향해 나오는 전자 쪽이 위로 향해 나오는 것보다 많은 것이다.

이것은 곤란한 문제다. 이 현상을 거울에 비친 경우 자전의 방향은 반대가 되는데도 불구하고(위에서 보고 시계와 같은 방향) 튀어나오는 전자는 진짜와 마찬가지로 아래쪽이 많아지게 되는 것이다.

진짜 현상과 거울 속의 현상과는 이 경우 어긋나 있다. 진짜 현상에서는 전자가 튀어나오는 방향은 스핀에 대해서 좌나사의 진행방향으로 많은데, 거울 속에서는 우나사의 진행방향으로 많이 나와 있다는 것이 된다.

그리고 우리들이 사는 이 세상에서는 그림에서 표시한 것처럼 진짜의 현상(다시 말해서 좌나사) 쪽은 일어나고 있지만, 거울 속과 같은 사실은 존재하지 않는 것이다. 거울에 비친 세계를 현실 속에서 찾아도 발견할 수 없다—즉 P 반전에 대해서 대칭이 아니다.

알기 쉽게 말하면, 지구가 많이 있어서 북극이나 남극에서 돌이 튀어나올 때 어느 쪽에서도 같은 정도 튀어나온다면 패리티는 보존되어 있다고 말할 수 있는 것이다. 사실은……이에 반해서 남극 쪽에서 튀어나오는 편이 많다. 이것은 그대로 P 반전에 대해서 비대칭이라는 것을 의미하는 것이다.

반(反) 야구

독자 여러분은 아까부터 야구 이야기를 듣고 있으면서, 다이아몬드를 반대로 도는 그런 시합이라면 보통 선수로서는 안 된다, 선수는 질을 완전히 바꿔 놓지 않으면 잘 안 된다고 깨닫고 있을 것이다. 틀림없이 그대로 맞는 말이다.

야구에서는(물론 진짜 야구다) 포수, 2루수, 3루수, 유격수는 오른손잡이가 아니면 안 된다. 그렇지 않으면 1루 투구가(포수의 경우는 2루 투구가) 잘 되지 않는다. 투수와 외야수는 이론적으로는 좌우 어느 쪽이나 상관없다. 1루수에 한하여 왼손잡이 쪽이 수비동작을 잘할 수 있다고 하는 것이 야구의 이론 같다. 이들 선수에게 완전히 반대야구를 시킨다면 당연히 우습게 되고 만다.

그래서 다이아몬드의 방향을 반대로 하는 것과 동시에 각 야수의 잘 쓰는 손도 완전히 반전시켜 본다. 다시 말해서 야구장을 거울 속에 비치는 것과 동시에 야수 자신도 반야수(이후 잘 쓰는 손을 반대로 한 선수를 반선수라 부르기로 하자)로 하는 것이다. 후자는 마치 소립자로는 C 반전에 상당한다.

이렇게 하면 구장도 역, 선수도 역으로 경기의 결과는 진짜 야구와 마찬가지로 되는 것이 아닐까?

반 라이온스 구장에서의 반 라이온스 팀 대 반 타이거스 팀. 선공격은 반 타이거스. 공간 반전을 하고, 게다가 입자를 반입자로 바꾸어도 여기서 시간만은 그대로라는 것에 주의하지 않으면 안 된다. 따라서 반 라이온스 구장에서는 원정 팀인 반 타이거스 팀이 (종래대로) 선공격이다.

반 라이온스 팀의 반 T투수는 1번 타자 반 S선수를 퍼스트 땅볼로, 2번 타자 반 M을 센터플라이로 공격하여 아웃시킨다. 3번 타자 반 P는 4구로 걸어 나가고 4번 타자 반 C가 좌타석에서 공격

자세를 취한다.

투 쓰리 후, 딱 하고 때린 일격은 강한 땅볼로 우전방으로 날아가 3루수와 유격수 사이를 빠져나가는가 했더니 3루수 반 N이 옆으로 뛰어올라(물론 자기 우측으로 뛰는 것이다) 오른손 글러브로 받아 재빨리 왼손으로 던진 송구는 반 O 1루수의 왼손 글러브 속으로 들어가……타자는 그 순간 아웃.

다음은 반 라이온스 팀의 공격. 1번 타자 반 L은 반 S 앞으로 안타를 날린다. 2번 타자 반 Y는 번트하고 주자는 2루. 이 날의 3번 타자는 반 O 선수.

반 라이온스 팀을 뒤쫓고 있는 반 타이거스 팀의 감독 반 M은 나인에게 사인을 보낸다. 그러자 수비진의 야수들은(홈에서 센터를 향해) 좌측으로 이동하기 시작한다. 이 강력한 우타자에 대해 소위 O 변형수비(정확하게는 반 O 변형수비라 해야 할까?)를 편 것이다.

투수 반 T의 오른손에서 강속구가 난다. 기다렸다는 듯이 반 O는 이것을 친다. 타구는 반 C 1루수의 머리 위를 넘어서 쭉쭉 뻗는다. 좌측 관중석(반 야구장에서의 1루 측)에 진을 치고 있는 반 라이온스 팬들의 환성이 들끓고 우측 내야 스탠드의 반 타이거스의 팬들은 그 순간 찬물을 끼얹은 듯 조용해진다.

거의 레프트 쪽 파울 라인에 바짝 다가선 위치에서 수비하고 있던 외야수 반 K는 뒤로 물러서면서 외야 펜스에 빠듯이 다 간 위치에서 힘껏 점프, 왼손 글러브를 높이 쳐들어……과연 그의 자신만

만한 싱글 캐치는 성공했는가.

흥미진진함이 그칠 줄 모르는데, 생각해 보면 반대 야구이기 때문에 재미있다는 것이 아니다. 보통 야구도 이와 마찬가지로 재미있는 것이다. 반야구로 했기 때문에 반 O선수의 홈런 수가 늘어난다든가, 반 T 투수의 탈삼진 수가 는다고는 생각할 수 없다. 다시 말해서 거울의 반전을 행하고 선수를 반선수로 한다면 보통 볼 수 있는 야구와 같은 결과가 된다는 것이다.

소립자로 말하면 P 반전도 행하고 C 반전도 한다면(이를 PC 반전이라 한다) 결국 대칭성은 깨지지 않는다고 하는 것에 상당하는 것이다.

PC 반전

전자와 반전자, 양자와 반양자, 중성자와 반중성자와 같이 서로 반대의 입자로 변하는 것을 C 반전이라고 한다. 다만 중성자나 반중성자는 전기를 가지고 있지 않은데(전기를 가지고 있지 않아도 이 두 개의 소립자는 별개의 것이다), 양자처럼 전기를 띠고 있는 것은 그 반입자는 반드시 반대의 전기를 가지며, 따라서 반양자는 마이너스 전하(電荷)를 띤다.

C 반전을 하면 소립자의 세계는 어떻게 되는가 하는 것도 생각되지만, PC 반전을 한 결과는 어떻게 되는가 하는 것은 더욱 흥미를 가지고 조사가 진행되고 있다.

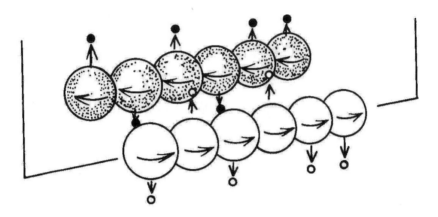

○ 는 코발트

◉ 는 반입자로 되어 있는 코발트

○ 는 전자

● 는 양전자(전자의 반입자)

PC 반전

이것을 앞의 우 여사의 실험에 의해서 생각해 보자. 코발트 원자 핵 속에 있는 양자나 중성자는 C 반전 때문에 모두 반입자로 바뀌게 된다. 그리고 P 반전에 의해서 원자핵의 자전 방향은 변한다.

그런데 앞의 경우처럼 실물에서는 (위에서 보아) 시계와 반대방 향으로 돌고, 거울 속에서는 시계방향으로 돌 때 베타 붕괴에 의해서 실물에서나 거울 속에서나 아래로 향해 마이너스 전기가 많이 튀어나왔지만, 이번처럼 반전한 경우에는 전자가 아니고 양전자를 사용해서 설명하지 않으면 안 된다.

그러면 PC 반전을 한 거울 속의 베타 붕괴에서는 아래로 향해 전자가 달린다고 하는 대신에 위로 향해 양전자가 튀어나온다고 하지 않으면 안 된다.

결국 실물에서나, PC 반전한 결과에서나 베타 붕괴 결과 튀어나오는 입자는 코발트 원자핵의 자전 방향에 대해서 좌나사의 진행 방향으로 되고 있다. 이런 의미에서—P 반전만으로는 대칭성을 잃고 말지만—PC 반전을 함으로써 대칭성은 보존되는 것이다.

그 밖에 약한 상호작용에 있어서 여러 가지 패리티 비보존(非保存)의 현상과 C 반전까지 동시에 생각함으로써 보존성은 부활하게 되는 것이다.

PCT 반전의 대칭성

P 반전이나 PC 반전에 대해서 설명해 왔는데, 문제는 T 반전이다. 다시 말해서 시간도 함께 역전(逆轉)해 주면 어떻게 될까? 그런데 현실에는 염라대왕이 가지고 있다고 하는 과거를 비추는 거울 따위는 있을 리가 없다. 감각적으로 상상하기 어려운 것이며, 시간의 반전은 거울에 의한 상과 같이 직감적이 아니다.

그러나 다행히 자연계라는 것은 PCT 반전, 다시 말해서 이 세 개를 모두 반전했을 때는 대칭성이 그대로 보존되는 것이다. 공간도 역, 시간도 반대, 게다가 우주의 소립자를 모두 반입자로 해도 자연현상은 마찬가지로 일어나고, 반전하기 전과 조금도 다를 바가 없다.

극단적으로 말한다면, 물리법칙은 모두 PCT 반전에 대해서 대

현실 세계(좌)와 T 반전의 세계(우)

칭이라는 기초 위에 성립하고 있다고 해도 좋다. 양자역학이라는 극미한 세계를 설명하는 기초이론은 이 대칭성을 충족시키는 것이며, 만일 PCT 반전했을 때 다른 현상이 일어난다고 한다면 현재의 물리학은 전부 백지화하지 않으면 안 된다.

그래서 PCT 반전에서는 대칭, PC 반전에서도 대칭이라 하게 된다면 나머지의 T 반전에서도 당연히 대칭이 되지 않으면 안 된다. 시간이라는 것에 대해서 소립자─다시 말해서 우주를 구성하고 있는 자연계 모두─입장에서 볼 때 과거로 향하는 방향과 미래로의 방향과는 전적으로 동등한 것이며, 약간의 우열(우열은 약간 이상하지만, 여하간 어떤 상위)이 있어서는 안 된다고 하는 결론은 3─2=1이라는 간단한 산술로부터 유도되는 것이다.

시간은 상대적인가?

우리들의 세계는 양자·중성자·전자 등으로 구성되어 있는데, 반양자·반중성자·양전자 등이 전자에 비해서 드물다고 할 근거는 아무것도 없는 것 같다. 소립자론은 양자 사이에 편파가 있어서는 안 된다고 주장한다.

그러면 우주 어딘가에 반입자로 되어 있는 세계가 존재하는 것일까? 반입자로 되어 있는 탄소·산소 그 밖의 원자·분자 등에서 지구상의 인간과 아주 똑같은 것이 생겨도 괜찮다(SF적인 공상을 하면 그들은 아마 왼손잡이일 것이다. PC 반전이 되어 있을 테니까).

그들의 두뇌의 정도, 감정의 소유 방식, 나아가서는 미에 대한 동경이라든가, 선을 행하려고 하는 의사 등은 지구상의 인간에 비해서 많지도 않거니와 적지도 않다는 결과가 된다.

정말 그런 세계가 있는 것일까? 아무도 모르지만 이론적으로는 있어도 안 될 것이 없다. 그와 마찬가지로 T 반전을 한 세계라는 것도 생각할 수 없는 것은 아니다.

우리들은 기상, 세면, 아침식사, 출근이라고 하는 과정을 거치게 되는데, 그들은 그 시간에 따라서 우리들과 전혀 반대의 경과를 겪게 되는 것이다.

그러한 세계가 있는지 어떤지, 반입자의 세계보다 더욱 생각하기 어렵지만, 아무튼 시간 반전을 하면 이러한 묘한 것이 되고 만다.

미크로 세계에서는 시간 역행도 가능한가?

역행하는 시간은 먼 성운(星雲)에까지 가서 찾지 않아도 된다. 우리들 눈앞에 일어나고 있는 것마저도 시간이라는 흐름에 방향은 정할 수 없는 것이다.

우로 달리는 구슬이 있다. 공간 반전하면 이 구슬은 좌로 달리고 있는 것이 된다. 좌로 달리는 구슬, 물론 있어도 좋다.

마찬가지로 우로 달리는 구슬을 시간 반전하면 역시 좌로 달리는 것이 되며 공간 반전과 마찬가지로 가능하다. T 반전이란 이와

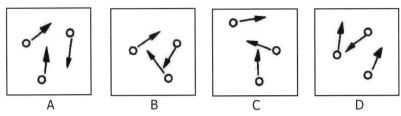

상자 속을 움직이는 세 개의 구슬에는 처음과 마지막을 구별할 수 없다

같은 의미인 것이다.

코발트의 베타 붕괴의 T 반전은 니켈의 전자 흡수이며 별로 모순되는 것은 아니다. 2개의 구슬이 충돌해서 떨어져 나갔다를 시간적으로 역으로 보면, 역시 역 코스를 밟아서 충돌, 떨어져 나가고, 있어도 좋은 것이다. 세 개의 구슬이 상자 속에 있을 때, 그것들의 상태를 4번 정도 사진을 촬영해 보았지만, A, B, C, D를 시간대로 나열해 보라고 한다면 곤란해지는 것은 분명하다.

이 경우는 네 컷의 만화와는 다르다.

실은 C가 맨 처음이고 A가 마지막이라고 해도 아, 그렇습니까? 하고 대답할 수밖에 없다. 시간의 역행성이 가능한 까닭에 A, B, C, D에 순서를 정할 수가 없는 것이다.

그렇다기보다는 T 반전에 대해서 대칭이라는 것은 이와 같은 의미로 해석하지 않으면 안 된다.

입자의 수가 많아지면

과거나 미래도 마찬가지라고 하지만, 그런 바보 같은 얘기가 있

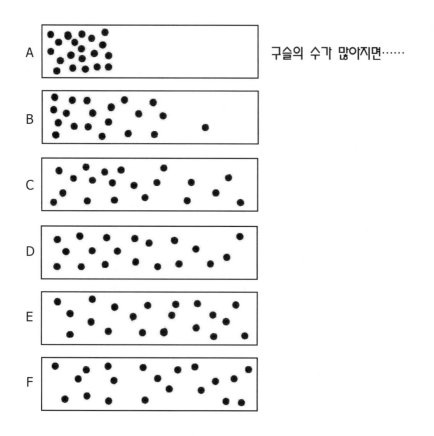

구슬의 수가 많아지면……

는가? 노인이 청년이 되고 이윽고 갓난아기로 반전 생장(?)하기라도 한다는 것인가 하고 반발할 것임에 틀림없다. 극히 상식적인 반론이다.

상자 속에서 충돌을 반복하는 입자는 역행해도 마찬가지라고 말했지만, 이번에는 입자가 아주 많이 들어 있는 경우를 생각해 보자. 그리고 처음에는 이 입자를 좌측 절반 속에 넣어둔다.

그런데 이들 입자를 상자 속에서 자유로 움직이게 하면 그것들은 반드시 그림처럼 A → B → C → D → E → F 순으로 될 것이다. 이번에는 그림의 순서가 확실하다.

앞에서의 그림에서나 이번의 경우에도 입자는 서로 충돌하거나 용기 벽에 부딪쳤다 튕겨져 나오고 있을 뿐 이런 의미에서는 조금도 차이가 없는 것이다.

똑같은 기구이면서 후자의 경우만 시간의 경과를 추정할 수 있는 것은 왜일까?

입자의 수가 많기 때문이다. 그 밖의 이유는 전혀 생각할 수 없다. 그렇다면 시간에 방향이 있는 것은 세상 속에 많은 입자가 있기 때문이라고 할 수 있게 된다.

그림에서 F 다음으로는 입자는 아주 똑같이 상자 속에 퍼져 있을 것이다. 그러므로 F 다음의 그림을 많이 그려도 그것들은 시간의 순서를 정할 수 없다는 얘기가 된다.

앞에서 네 컷의 만화의 예를 인용하여 인과율에 의해서 시간의 순서를 알 수 있다고 했다. 인과율이란 그것을 물리적으로 단순화시켜 보면 A에서 B, B에서 C로 옮아가는 과정과 같은 것이라고 할 수 있을지도 모른다. A는 B의 원인이며, C는 B의 결과라 하게 되고 말지만, 이의 역은 성립하지 않는다.

요컨대 본래의 시간 그 자체에는 과거와 미래를 구별하는 근거는 없지만, 세상 속에는 대단히 많은 입자(양자, 중성자, 원자, 분자 나아가서는 큰 돌덩어리든 흙덩이든)가 있기 때문에 그것들이 시간의 경과를 일방적으로 규정하고 있는 것이라고 하는 게 여기에서의 결론이다.

PC 반전의 비대칭성

세계(世界)는 PC 반전에 대해서 대칭이라 생각해 왔는데, 1964
년에 이르러 이 신념이 흔들리게 되는 일이 일어났다.

중간자 중에는 K 중간자(meson)라는 것이 있고(질량은 대개 전
자의 약 천 배 정도), 그 중에서 전기를 가지고 있는 것을 K^0라고
하는데, K^0에는 수명이 짧은 것($K1^0$)과 긴 것($K2^0$)이 있다. 이 수
명이 긴 쪽(5×10^{-8}초)은 주로 파이 중간자에게 파괴되는데, 그 때
파이 중간자가 세 개가 된다면 PC 반전의 대칭성은 만족될 수 있
지만, 두 개가 된다면 이 대칭성은 성립하지 않는다는 것은 알고
있다.

1964년 8월에 도브나에서 개최된 고(高) 에너지 국제회의에서
$K2^0$가 2개의 파이 중간자로 된다고 보고된 것이다.

이제 곤란하게 되었다. PC의 대칭이 성립하지 않는다면 T 반전
에 대해서도 대칭이 될 수가 없다. 그렇게 된다면 소립자론이라는
궁극적인 입자를 조사하는 연구에 있어서도 과거와 미래와는 별개
의 것이라 생각하지 않으면 안 되는 것인가?

이런 점에 관해서는 아직 연구가 미흡하다. 게다가 K 중간자 이
외의 것으로는 PC 반전에 대해서 비대칭이라는 사실은 발견되어
있지 않다.

하여간 1957년까지는 C, P, T가 각각 대칭이었는데, 그 후에는 CP와 T가 대칭, 1964년 이후로는 확신 있게 말할 수 있는 것은 PCT 반전에 대해서 불변이라고만 되어 있는 것이다.

반선수에 의한 역야구는 진짜와 다른가?

PC 반전에 의한 비대칭성은 $K2^0$의 붕괴로 일단 인정하게 된 형식이 되었지만, 사실은 별로 상세하게 알지 못하고 있는 것이다. PC 반전, 다시 말해서 T 반전을 했을 때 비록 입자가 한 개라든지 두 개라든지, 이렇게 적은 수라 해도 과거의 방향과 미래의 방향을 구별할 수 있다고 하는 것이 1964년 이래의 사고방식인데, 정말 그런 것인지 많은 사람들은 반신반의하고 있다.

그러므로 시간의 역행은 가능한가? 하는 질문에 대해서 상대론 이외에도(94쪽의 (2) 이외에도) 세 번째의 입장도 덧붙여서 시간을 검토하지 않으면 안 되게 된다.

(1) 우리들이 t라는 문자로 기재하는 시간 그 자체가 본질적으로 일방통행적인 것인가, 혹은 과거 쪽과 미래 쪽과를 뒤집어도 조금의 불편(혹은 모순이라 할지 비대칭이라고 할지, 아니면 편파라고나 할까)도 없는 것인가?

해답은 1964년까지는 불편이 없다고 했다. 그러나 K 중간자의 실험 이래 과거와 미래의 대칭성은 약간 의심스럽게 된 것이다. 더구나 상대론적인 시간 (2) 이외에,

(3) 현실의 세계처럼 많은 입자로 되어 있는 경우에는 비록 (1)의 의미로 시간의 역행이 가능하다고 해도 물리적 제 현상은 당연히 일방적으로 이행한다. 분리되어 있는 것은 섞이고, 그 역은 일어나지 않는다. 다시 말해서 시간의 본질이 이러쿵저러쿵하는 것이 아니라 현실로 일어나는 현상에 의해서 시간의 방향이 정해진다는 것이다. 이것을 열역학 제2법칙 혹은 엔트로피(entropy) 증대의 원리라고 한다. 열역학 제2법칙이 있기 때문에 시간의 역행은 불가능한 것인가, 통계역학은 확률론의 입장에서 해답하고 있는데, 그 참뜻은 역시 수수께끼다.

이 문제는 잠시 두고 이 책의 마지막에서 다시 한 번 생각해 보도록 한다.

지금까지는 이론보다 먼저 야구의 예를 들어 반전현상을 설명해 왔지만, 이번에는 반대로 PC 반전의 비대칭에 상당하는 야구 쪽을 생각해 보자. 다이아몬드의 방향을 반대로 하고 선수를 전부 반대로 할 수 있게 해도 보통 야구와는 좀 다른 데가 있는 것이 아닐까?

보통 야구에서는 좌타자는 좌투수에 약하다고 하는 것이 일단 정설로 되어 있다. 그러나 우타자가 우투수를 싫어한다는 얘기는 별로 듣지 못했다.

그러므로 반선수에게 역야구를 시켰을 때 적지 않는 우투수에 대해서 더욱이 희소한 우타자를 맞붙였을 때 보통 야구의 경우처럼 타자가 불리하게 되지 않았다면(이런 야구는 한 적이 없기 때문에 무어라 말할 수 없지만) 이 사실이야말로 PC 반전에 있어서 비대칭을 뒷받침해 주는 좋은 예라 할 수 있는 게 아닐까?

이 장에서 설명한 대칭성을 요약해 보면 다음과 같다. 20세기 전반까지는,

P 반전…대칭. C 반전…대칭. T 반전…대칭.

1957년 이후에는,

PC 반전…대칭. T 반전…대칭.

(P 반전, C 반전은 단독으로는 비대칭)

이것이 1965년을 지나자,

PCT 반전…대칭.

이며, T 반전만의 대칭성은 의문시되게 되었다.

시간 반전의 비대칭성은 직접적으로 측정된 사실은 아니다. PC 반전의 비대칭성(같은 것?)에서 추정된 결론인 것이다. 그런 만큼 어떤 사항인지 극히 상상하기 어렵다.

소립자의 세계에서는 우로 달리는 시간 반전은 좌로 향하는 것을 의미하고, 충돌의 시간 역행이란 그 충돌을 반대로 보면 여러 가지로 사정 복잡하다고 하는 것이다.

94쪽 (1)의 양자론적인 기술 중에서의 시간이란 것은 이상 보아온 것처럼 현재로서 극히 불선명(不鮮明)하다. 그 때문에 다음 장 이후에서는 주로 (2)의 상대론적 입장에서 시간이라는 것을 살펴 가도록 한다.

그러나 우리들이 항상 피부로 느끼고 있는 시간[통계역학의 결

과로서의 시간, 다시 말해서 입자의 수가 많을 때 의식되는 시간으로 앞에서 설명한 (3)]이 앞에서 기술한 (1)과 (2)가 어떻게 결부되어 있는가, 여기에도 이제 하나의 다른 의미에서 귀찮은 문제가 존재하는 것이다.

time paradox

PART 3. 초광속 입자 타키온
tachyon

盛年不重來 (성년부중래)　　　한창 때는 두 번 다시 오지 않고

一日難再晨 (일일난재신)　　　그 날의 아침 다시 오기 어려우니

及時當勉勵 (급시당면려)　　　때에 이르러 열심히 힘쓰라

歲月不待人 (세월부대인)　　　세월은 사람을 기다리지 않는다.

　　　　　　　　　　　　　　　　　　　　　　　ー 도연명

메가폰을 절단하는 이야기

메가폰—즉 원추형 물체가 있다. 이것을 예리한 칼로 싹둑 자른 다면 단면은 어떤 형이 될까?

기하학 교과서에 나오듯 타원(원도 포함하여)이나 포물선 혹은 쌍곡선이다. 해석기하학에서는 이것들을 총칭하여 2차곡선이라고 한다.

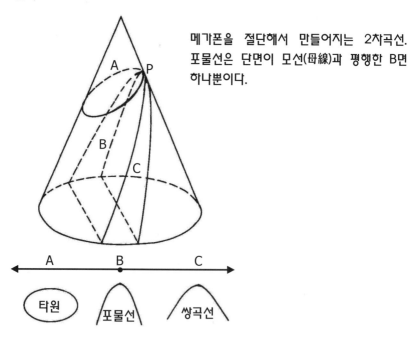

메가폰을 절단해서 만들어지는 2차곡선.
포물선은 단면이 모선(母線)과 평행한 B면
하나뿐이다.

그리고 실제로 이 세 종류의 곡선 중 어느 것이 되는가 하는 것은 자를 때의 방향에 의해 정해진다.

124

예를 들면, 그림처럼 원추의 측면 상에 있는 한 점 P로부터 내려 자를 때, 자르는 방향이 모선(母線, 원추의 측면에 그어진 직선으로 이 방향의 경사가 가장 크다)과 평행일 때에 한하여 포물선이 되고, 이것보다 수평에 가까우면 모두 타원이 되며, 거꾸로 절단 면이 직각에 가까울 때에는 모두 쌍곡선이 된다.

특별히 여기에서 2차곡선론을 펴고자 하는 것은 아니다. 단지 타원·포물선·쌍곡선 등 세 가지의 관계를 이해해주기 바랄 뿐이다.

어지간한 우연이 아닌 한 메가폰을 실제로 자를 경우 단면이 포물선의 형태를 이루는 일은 없다. 즉 거의 타원이나 쌍곡선이 된다고 생각해도 좋다. 단면이 수평면과 이루는 각도를 직선상에 그어 보면 포물선이 되는 찬스는 한 점, 그 좌측은 모두 타원이고 우측은 전부 쌍곡선이 된다.

이것은 타원과 쌍곡선은 상당히 많은 종류가 있지만 포물선은 한 종류뿐이라는 것이다. 바꾸어 말하면, 모든 포물선은 서로 닮은 꼴이다(한쪽 그림을 환등기 같은 것으로 확대하면 다른 한쪽과 정확하게 겹쳐지는 두 개의 도형을 닮은꼴이라고 한다).

독자 여러분 중에는,

『그런 어처구니없는 일은 있을 수 없다. 포물선에도 여러 종류가 있으며, 깊은 포물선과 얕은 포물선과는 확실히 나르시 않는가?』 라고 항의하는 사람이 있을지도 모른다.

그렇다면 그림을 보아주기 바란다. 확실히 A는 B보다 깊은 듯

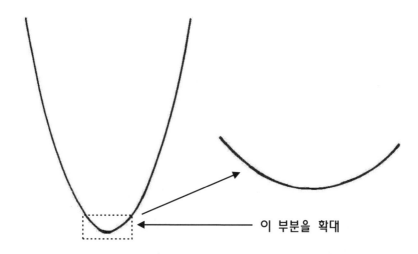

이 부분을 확대

모든 포물선은 서로 닮은꼴이다. 이를테면, 얼핏 보기에 전혀 닮아 보이지 않는 위 그림의 A와 B는 A의 선단 부분을 확대하면 B가 된다는 점에서 닮은꼴이라고 말할 수 있다.

이 보인다. 그러나 포물선 A의 밑 부분을 확대하면 포물선 B와 완전히 똑같은 것이 되어버린다. 혹은 B의 곡선을, 그대로 좌우 모두 위로 뻗어 나가면 A의 대형(大型, 이것은 물론 A와 닮은꼴이다)이 되어버린다.

　이처럼 포물선은 한 종류밖에 없지만, 타원에서는 길쭉한 타원을 아무리 확대 혹은 축소해도 둥그스름한 타원과는 겹쳐져 들어맞지 않는다. 즉 이심율(離心率)이 다른 타원은 닮은꼴이 아니고, 쌍곡선에서도 두 개의 점근선(漸近線)이 만드는 각도가 다르면 역시 닮은꼴은 되지 않는다.

점(点)의 전후(前後)의 관계

태양의 주위를 공전하고 있는 행성이 가지고 있는 에너지는 마이너스의 위치 에너지와 플러스인 운동에너지의 혼합인데, 마이너스가 더 강해 총 에너지는 마이너스이다. 이 때 행성은 태양을 초점으로 하는 타원궤도를 그린다.

그러나 에너지의 혼합이 마이너스인 경우에도 여러 가지가 있어서, (가령 모든 행성의 질량을 같다고 해 보면) 마이너스가 훨씬 많을수록 태양에 가깝고 거꾸로 에너지가 증가해 0에 가까우면 가까울수록 커다란 궤도를 돈다.

만약 모든 에너지가 0이라면(즉 운동에너지가 위치에너지의 절대치와 똑같다면) 궤도는 그 순간에 포물선이 되고 모든 에너지가 그것보다 크면 궤도는 쌍곡선을 그린다. 가끔씩 찾아오는 혜성(彗星) 등에 쌍곡선 궤도가 있다(다만 헬리 혜성은 타원).

지금 여기에서 곡선의 문제를 검토하는 것은 아니다. 그림 아래에 나타낸 것처럼 포물선이라는 한 점의 양측에 타원 및 쌍곡선이라는 많은 종류의 것들을 수학적인 의미에서 생각할 수가 있는데, 현실적인 문제(예를 들면 혜성이나 행성 등의 예)에서도 그에 상당하는 물리적 현상이 엄연히 존재한다는 것을 강조하고 싶은 것이다.

또는 재차 수학을 예로 들면, 0과 플러스인 수만으로도 덧셈, 곱셈, 나눗셈 등을 하는 데는 부족하지 않지만, 0이라는 점의 저쪽에 마이너스 수를 설치하는 것에 의해 어떠한 뺄셈이라도 안심하고 할 수가 있다는 것을 이해하여 주기를 바라는 것이다.

만약 마이너스의 수가 없다면 3에서 5를 뺄 수는 없다. 이 때 0 이라는 점은 플러스에도 마이너스에도 속하지 않는 극히 특수한 숫자이다.

타르디온과 룩손

앞에서도 잠깐 언급했지만, 현재 판명되어 있는 소립자의 수는 상당히 많다. 그렇다면 이것들을 어떤 방법으로든 분류 정돈하지 않으면 안 된다.

가장 보편적인 분류법은 그 무게에 따라 나누는 방법이다. 양자(陽子)보다 무거운 것을 중입자(重粒子, 바리온), 그것보다 가벼운 것을 중간자(中間子, 메손), 그리고 그것보다도 더욱 가벼운 중성미자(中性微子, 뉴트리노)나 전자, 뮤 입자(이것은 처음에 뮤 중간자라고 불리었지만, 분류에서는 메손의 중간에 넣지 않는다) 같은 것을 경입자(輕粒子, 렙톤)라고 한다. 이 세 그룹의 어느 것에도 속하지 않는 것은 광자(光子, 포톤)뿐이다.

이 같은 분류는 소립자의 대칭성이라든가, 상호작용을 연구하는 데 있어서 상당히 의의 있는 일이지만, 물질의 분류라는 것은 어떠한 경우에도 일의적(一義的)으로 정해져 있는 것은 아니다.

그러면 이 소립자들을 속도에 따라서 분류해 보자. 소립자의 속도라고 해도 가속시키면 빨라지고, 늦은 것은 얼마든지 천천히 달리게 할 수가 있다. 그러니까 그런 분류는 의미가 없다고 말할지도 모르지만, 꼭 그렇다고만 말할 수도 없다.

속도라는 관점에서 보았을 때, 현재 알려져 있는 소립자 중에서 광자와 뉴트리노만은 완전히 질이 다른 것이다.

그래서 광자, 뉴트리노 이외의 것들을 제1류, 광자와 뉴트리노를 제2류로 부르기로 한다.

빛보다 늦은 제1류의 입자를 일명 타르디온(tardyon)으로 부르기로 하자. 이 입자들은 얼마간의 정지 질량(정지해 있을 때 가지는 질량. 뒤에 기술하겠지만, 입자는 빨리 달리면 달릴수록 질량은 커진다)을 가져 그 속도는 0으로부터 시작되며, 상한선이 광속($3{\times}10^{-10}$cm/s) 이다. 단지 광속에 도달하는 것은 사실상 불가능하다(질량이 무한대가 되어버리기 때문에).

제2류의 입자는 룩손(luxon)이라고 명명한다. 즉 광속 입자이다.

통신용 전파에서부터 마이크로웨이브, 열선, 적외선, 광선, 자외선, 엑스선, 나아가서는 감마선까지를 총괄해 전자파(電磁波)라고 부르며, 이들 전자파를 입자라는 관점에서 보면 모두 광자라는 소립자로 일괄된다는 것은 잘 알려져 있다. 파장이 길든 짧든 어떻든 간에 이것들은 모두 광속도로 공간을 달린다. 광속도로 달리는 입자로서 이 밖에 뉴트리노가 있다.

타키온이란 무엇인가?

룩손의 속도는 아인슈타인이 특수상대론에서 주장하듯 항상 일정하며, 더 빠르게 하는 것도 불가능하지만 (진공상태에서) 더 늦추는 일도 불가능하다. 진공 중의 빛이나 뉴트리노에 어떠한 방해를 해도 감속시킬 수는 없다.

이런 의미에서 다른 소립자와는 전혀 다르기 때문에 굳이 이것들을 제2류라고 한 것이다.

앞서의 2차곡선에 대한 이야기를 상기해 주기 바란다. 제1류는 타원 그룹, 제2류가 포물선이라는 느낌이 들지는 않는가. 또는 제1류가 플러스의 수, 제2류가 0이라는 아날로지(analogy, 類推)가 성립하지는 않는가?

그것이 실재하는지 어떤지는 차치하고, 다음에 타원 그룹의 반대쪽에 있는 쌍곡선 군(群)에 상당하는 것, 혹은 마이너스의 수에 필적하는 것으로서 제3류의 소립자를 생각해 보자. 「마지막 물리학의 수평사고(水平思考)」라고나 해야 할까?

제3류는 당연초광속(當然招光速, superluminal)의 입자이다. 빠른 쪽은 한없이 빠르고, 늦은 쪽의 하한(下限)이 광속도가 된다. 이 입자들을 타키온(tachyon)이라고 부르기로 한다.

타키온은 미국의 물리학자 제럴드 파인버그(Gerald Feinberg, 1933~1992)에 의해 붙여진 이름이며(1967년, 잡지《피지컬 리

마지막 물리의 수평 사고

뷰》159호), 어원은 그리스어의 타키스─이것을 영역하면 swift(빠르다)─에서 온 것이다.

다만 초광속 입자라는 사상은 반드시 새로운 것만이 아니고, 광속도 측정 기술이 개발될 즈음부터 물리학자─또는 철학자, 사상가─일부 사람들의 머릿속에서 이미 싹트고 있었던 것 같다.

질량 분석 장치로 이름높은 조셉 존 톰슨(Joseph John Thomson, 1856~1940) 등도 초광속 입자를 연구하고 있었다고 한다. 그러나 1905년 아인슈타인의 특수상대론의 출현으로 빛을 앞지르는 입자 등의 생각은 완전히 셧아웃 되어버렸다.

모든 입자는 광속을 앞지를 수가 없다. 이 대전제가 반세기 이상이나 근대 물리학에서 금과옥조처럼 여겨지고 있었던 것이다.

왜 초광속 입자를 생각하는가?

초광속 입자라는 당치도 않은 것을 어째서 생각하는가 라고 의아해 하는 독자도 있을지 모른다.

이 질문에 대해 우크라이나 태생─뒤에 벨기에서 미국으로 건너감─의 물리학자 비라니우크는 게르만의 전체주의(totalitarianism)를 인용하고 있다. 그에 의하면,

『금지되어 있지 않은 것은 모두 행하지 않으며 안 된다(Anything which is not prohibited is compulsory)』
라는 것이다.

아무래도 선문답(禪問答) 같아서 필자로서는 이해가 잘 안 가지만, 단지 여기에서 주의하지 않으면 안 되는 것은 아인슈타인의 특수상대론에서도 초광속 입자를 결코 금지하고 있지 않다는 것이다. 이것은 차차 구체적으로 기술해 가기로 하자.

초광속에 대한 문제를 정식으로 논문의 형태로서 발표했던 것은 아마 일본의 타나카 타다시(田中正)가 최초일 것이다(1960년 잡지 《프로그레스 오브 세오레티칼 피직스》 24호, 29호). 다만 타나카 씨는 특수상대론의 확장이라는 의미가 아니라, 소립자 내에 있어서 (10^{-13}~10^{-14}cm 정도의 작은 영역) 본질적인 모순을 해결하는 실마리로서 초광속과 같은 개념을 도입한 것 같다.

그 후 초광속이 상대론적인 입장에서도 검토되게 되어 파인버그, 비라니우크 외에 인도의 물리학자 스달샹, 구 소비에트의 텔레츠키, 그 외에 앞서 언급한 콜롬비아 대학의 발티 등의 실험 그룹이 정력적으로 이 문제에 착수하고 있다.

상대성이론이란 무엇인가?

독자들 가운데는 상대성이론에 익숙지 않은 분도 있으리라고 생각되어 여기서 간단하게 설명해 두기로 한다.

1979년 남독일 울름에서 태어나 스위스의 취리히대학에서 공부한 후 베른의 특허국 기사로 종사하고 있던 천재적인 두뇌의 소유자 알베르트 아인슈타인은 1905년에 「특수상대성이론」을,

나아가서 그로부터 10년 후인 1915년에는 「일반상대성이론」을 완성하기에 이르렀다.

현재의 소립자론 등에 실제로 필요하고 또한 충분히 이론식(理論式) 안에 도입되어 사용되고 있는 것은 전자인 특수상대성이론 쪽이고, 일반상대론 쪽은 오히려 식의 아름다움, 만유인력이라든가, 관성력(이를테면, 전차가 급정거할 때 우리들이 앞으로 쏠리는 힘) 등을 별개로 하지 않고 하나의 사고(思考)에서부터 모순 없이 설명할 수 있다는 형식의 미려함 쪽에 마음을 기울일 수 있는 것이다.

일반상대론을 지지하는 사실은, 현 단계에서는 천문학 등에서나 손꼽을 수 있을 정도밖에는 보이지 않는다.

특수상대론이란 어떤 것인가. 이 책의 프롤로그에서도 잠깐 언급했지만, 한 마디로 말하면 공간과 시간은 무관계한 존재가 아니라, 그것들이 함께 빛(즉 제2류의 소립자─광자와 뉴트리노)의 속도를 일정하게 하는 것이라는 주장이다.

어떻게 해서 그런 상식 밖의 일이라고 말하더라도 측정해 보면 그렇게 되는 것이다. 상식 쪽이 잘못되었다고 하지 않을 수 없다.

예를 들면, 자신은 역의 플랫폼에 서 있고 그 곳을 열차가 속도를 줄이지 않고 통과했다고 하자. 빛의 속도는 도저히 인간의 눈으로는 감지할 수가 없지만, 가령 빛의 속도가 우리들의 눈에 들어올 정도로 늦다고 해 보자.

그리고 어느 순간에 열차 중앙에서 발광 신호가 일어났다고 하

자. 플랫폼에 서 있는 사람 쪽에서 보면 발광된 빛은 열차의 앞쪽으로나 뒤쪽으로나 플랫폼에 대해 같은 빠르기로 나아간다. 열차 자신은 전진하고 있다. 그 결과 어떻게 될까?

차장(열차에서 가장 뒤에 있는 사람)이 앞에서 빛을 인지한다. 그리고 조금 지나고 나서 기관사를 뒤에서 쫓고 있는 빛이 기관사가 있는 위치에 도달한다.

즉 플랫폼에 있는 사람에게 있어서는 차장이 먼저 열차의 중앙으로부터 나온 발광 신호를 알고 그 후 잠시 지나 앞의 기관사가 이 신호를 발견한다.

하지만 열차 안에 타고 있는 사람에게는 이 같은 이야기는 성립하지 않는다. 열차 안의 사람은 자신에게 대해 빛은 전방과 후방으로 같은 빠르기로 나아가는 것이다. 그 결과 당연히 차장과 기관사는 동시에 신호를 인지하게 된다.

차장이 신호를 보았다는 사항과 기관사가 신호를 확인했다는 사실과는 열차 안에 있는 사람으로서는 같은 시각이지만, 플랫폼 위의 관측자에게 있어서는 시각이 어긋나 있다.

이것이 상대론이다. 누구에게 대해서도 광속도는 같다면 이상과 같은 결론이 되지 않으면 안 된다. 입장을 달리하는 두 사람(서로 빠르게 달리고 있는 두 사람)에게 있어서는 동시각의 대상이 다른 것이다.

더욱이 계산을 해 보면 이 두 사람은 어느 쪽이나 상대방이 시간의 경과는 늦고 자신 쪽이 빨리 시간이 경과한다고 느끼고, 길이에 대해서도, 예를 들면 열차 안의 막대기는 안의 사람들에게는 1미터로, 플랫폼의 사람에게는 80센티미터, 반대로 플랫폼 위의 막대기는, 플랫폼 위의 사람은 1미터로 인지하지만, 열차 안으로부터 이것을 보면 80센티미터가 되는 것이다.

이것들은 결코 어려운 고등수학에 나오는 것이 아니다. 계산법은 생략하지만 중학교 정도의 수학이다. 굳이 어려운 점이라고 말한다면 누구의 눈에 대해서도 빛은 3×10^{10} cm/s이라고 인정을 받는 것이다.

나는 그런 이상한 것을 인정할 수는 없다. 설사 그것이 실험 사실이라고 하더라도 자신으로서는 납득이 가지 않는다고 완강히 버티는 사람이 있다면, 유감스럽지만 상대론을 포기하라고밖에는 도리가 없다.

메타 상대론

이상 기술했던 것은 종래의 상대론이다. 여기에는 제1류와 제2류의 입자밖에 등장하지 않는다. 그래서 제2류의 입자가 제1류의 그것과 본질적으로 다르기 때문에—즉 광자는 어떠한 수단을 다 동원한다고 해도 빨라질 수도 없을 뿐 아니라 늦어지게 하는 것도 불가능하다는 것 때문에—지금까지의 상식과는 다른 상대론이라는 것이 생겨난 것이다.

그런데 이제부터의 시도는 종래의 이론 속에 제3류의 입자도 한

패거리로서 포함시키고자 하는 것이다. 이같이 타키온까지도 참가시킨 이론을 메타 상대론(meta-relativity)이라고 부른다.

종래의 이론에서는 어째서 타키온을 생각할 수 없었던 것인가? 그 가장 큰 이유는 입자의 질량을 그 속도 v에 의해 나타낸 식,

$$m = \frac{m_0}{\sqrt{1-(\frac{v}{c})^2}}$$

에 있는 것은 아닐까?

정지해 있을 때의 질량 m_0라면 그것이 속도 v로 달릴 때 질량은 식에서 보이듯 m으로 변한다. 그것이 이 식이 의미하는 점이다. 여기서 v가 광속도 c에 가까우면 가까울수록 분모의 루트 안은 작아지고 따라서 m은 커지게 되어 극한 $v \rightarrow c$로 m은 무한대가 된다.

무한대의 질량 따위는 있을 수도 없을 테니까 어떠한 입자도 광속도에 도달하는 것은 불가능하다.

그러나 상식이一수평이 아닌 수직 사고 쪽이一이 논법에 지나치게 구애받는 경향은 없는가? 과학에 있어서의 수식이라는 것은 사실을 잘 설명하는 수단으로서 인간이 설정한 것에 지나지 않는다. 식이 절대적이라고 생각해서는 안 된다. 『절대』는 어디까지나 특정된 사실에 한한다.

식이 이렇게 씌어져 있으니까 사실도 그대로 되어 가지 않으면 안 된다고 생각하는 것은 본말(本末)의 전도이다.

그 증거로 앞의 식을 광자에 적용시켜 본다면 어떻게 될까? 광

자의 속도는 c, 따라서 $v=c$가 되어 분모는 0이다. 분모가 0이어서는 식이 맞지 않으니까 분자 쪽도 0으로 하여(즉 $m_0=0$), 광자의 정지 질량은 0이다, 라고 해 어떻게든 사리에 맞춘다. 0/0(제로 분의 제로)이라는 개운치 않은 식을 사용하지 않을 수 없는 것이다.

따라서 앞의 공식을 수학적인 의미로 바르게 사용할 수 있는 것은, 제1류, 즉 타르디온인 경우뿐이라고 생각해 보면 어떨까?

제2류, 제3류의 입자에 대해서도 이 식을 사용하고 싶을 때에는, 수학적으로는 너무 번잡스럽게 만들지 말고 약간 융통성을 발휘해야 한다고 생각하는 것이다. 현재 광자의 경우에서도 제로 분의 제로라는 것처럼 약간 부정스런 냄새가 난다.

메타 질량

광자보다도 더욱 빠른 타키온의 경우 조금 전의 질량의 공식은 어떻게 될까? 모처럼의 식이니까 지장이 없는 한 잘 이용해 보기로 하자.

타키온의 속도는 광속보다도 크니까 ($v/c>1$) 분모의 루트 안은 마이너스가 된다. 즉 분모는 허수가 된다.

그리고 분자인 m_0는 메타상대론에서는 고유질량(proper mass)이라고 부르기로 하자. 그렇게 하여 타키온의 경우 고유질량은 허수라고 정하고 허수의 기호 i ($i=\sqrt{-1}$) 를 사용하여 이것을,

$$m_0=im^*$$

라고 쓰기로 한다. i 의 뒤에 붙는 m^* 은 실수(實數)이며, 이것을 메타 질량(meta-mass)이라고 명명한다.

이 경우의 메타, 그리고 메타 질량을 사용하는 메타 상대론의 메타는 『변환』이라는 정도의 의미로 해석하는 것이 알맞을 것이다. 또는 m^* 는 복소수의 사고에서 생각하면 m_0 의 절대치이므로,

$m^* = |\, m_0\, |$ 라고 해도 좋다.

고유질량은 타키온에서는 허수가 된다고 했는데, 허수의 질량이란 도대체 어떤 것인가 하고 반문할지도 모른다.

허수 그 자체는 현실세계에서는 이것에 해당하는 양(量)은 존재하지 않는다. 보이고 싶어도 보일 수가 없다. 룩손이나 타키온을 정지시켜 보일 수는 없다는 사실이 허수에 해당한다고밖에 말할 방법이 없다.

그렇기 때문에 타키온의 경우는 식을 바꾸어 써 실수만의 것을 만들어,

$$m = \frac{m^*}{\sqrt{(\frac{v}{c})^2 - 1}}$$

라고 하면 알기 쉽다. 고유질량을 사용한 질량공식의 분모와 분자를 허수 i 로 나누어주면 이러한 식이 된다는 것은 쉽게 알 수 있을 것이다.

4차원의 세계에서

그런데 이러한 것들로 아인슈타인은 상대론에서 무엇을 주장하고 있는지, 이제 한번 생각해 보자.

T군이 머리를 긁적였다는 사건(사건이라고 하기에는 좀 지나치지만, 달리 적당한 말도 없으니까 그냥 사건이라고 부르기로 한다)은 장소$(x_1,\ y_1,\ z_1)$와 시각(t_1)으로 지정된다. 마찬가지로 H양이 혀를 내민 사건을 $(x_2,\ y_2,\ z_2,\ t_2)$로 한다. 단지 이것들은 A라는 사람이 인정한 위치 및 시각이다.

그런데 A와는 별도로 B가 있다. B는 A와 떨어져 있어도 좋고, A보다 과거의 사람 혹은 미래의 사람이라도 상관없다. 또 A와 B는 서로 달리고 있다 해도 지장이 없다.

그 B에게 있어서 T가 머리를 긁적인 사건은 $(x_1',\ y_1',\ z_1',\ t_1')$이고 H양이 혀를 내민 공간과 시간은 $(x_2',\ y_2',\ z_2',\ t_2')$였다고 하자. A와 B는 입장이 다르기 때문에(이것을 물리학에서는 좌표가 다르다고 한다) 당연히 x_1과 x_1'와는 차이가 있을 것이고, t_2와 t_2'와는 다를 것이다.

그러면서 A와 B가 서로 정지해 있든가, 또는 등속(等速)으로 달리고 있는 한(즉 서로 가속하고 있지 않는 한) 여기에 보인 공간 중의 점과 시각의 사이에는 반드시,

$$c^2(t_2-t_1)^2-(x_2-x_1)^2-(y_2-y_1)^2-(z_2-z_1)^2$$
$$=c^2(t_2'-t_1')^2-(x_2'-x_1')^2-(y_2'-y_1')^2-(z_2'-z_1')^2$$

라는 관계가 있다.

이것이 아인슈타인의 결론이다. 양 변의 플러스와 마이너스를 완전히 바꾸어 써도 이야기는 변하지 않는다. c는 빛의 속도이다.

3차원 공간에 있는 막대의 길이를 ℓ이라고 하면 그 한 끝을 (x_1, y_1, z_1)이라고 하고 다른 끝을 (x_2, y_2, z_2)라고 하면 어떠한 좌표계를 선택해도,

$$(x_2-x_1)^2+(y_2-y_1)^2+(z_2-z_1)^2$$

은 항상 ℓ^2이며 일정치가 된다. 이것을 피타고라스의 정리라고 한다는 것은 잘 알려져 있다.

이러한 점으로부터 유추해 보면 앞의 식은 $(x_2-x_1)^2$ 등의 앞은 플러스가 아닌 마이너스가 되어 있지만, 이것만 눈감아 버린다면 4차원 공간 속의 피타고라스의 정리라고 말할 수 있다.

공간은 3차원이고 이것을 x, y, z의 각기 직각으로 교차하는 좌표로 나타낸다. 게다가 이 세 개의 직선 어디에도 직각으로 교차하는 4번째의 ct라는 시간 좌표를 설정하고 여기에 4차원의 시공간(時空間)을 만든다.

4번째의 좌표는 어디에 있는가 하고 눈망울을 굴려도 찾을 수는 없다. 4번째의 것은 사건을 과부족(過不足) 없이 기술하기 위해 도입한 변수에 지나지 않는다.

그렇게 하면, (위치가 아니라) 사건이라는 것을 4차원 공간 속의 한 점으로 나타내는 것이 가능해진다.

4차원적 막대의 길이의 불변

이 공간 내의 두 가지 사건을 흡사 막대의 양 끝처럼 생각했을 때 이 4차원 막대기의 길이는(식으로 말하자면 막대의 길이의 제곱은) 채용하는 좌표에 관계없이 일정하다는 것이 아인슈타인의 주장이다.

원래 공간이라는 것은 그것이 2차원에서도 3차원에서도, 또는 형식적인 4차원의 것에서도 각 성분(x라든가 y를 성분이라고 한다)의 제곱의 수치는 (피타고라스의 정리에 의해) 일정해진다. 그렇다면 특수상대론이라는 것은 4차원 시공간의 존재를 인정해 주는 것이라고 말할 수 있다.

운동량과 에너지

시간과 공간은 자연과학의 기초적인 양(量)이며, 이것들에 대해 이상과 같은 사고를 하는 것은 지극히 지당한 것이다.

그러나 물리학으로서 생각하는 양 속에는 형식적으로는 공간과 동등한 역할을 하는 양, 게다가 시간과 완전히 같은 형태로 기술할 수 있는 또 한 종류의 다른 양이 있는 것이다.

느닷없이 결론으로 치닫는 것 같지만, 공간에 대해서는 운동량, 시간에 대해서는 에너지가 이것에 해당한다. 해당하는 것을 서로 화실표로 써 보면,

$$x \leftrightarrow p_x,\ y \leftrightarrow p_y,\ z \leftrightarrow p_z,\ t \leftrightarrow E$$

이고, 양자역학에서는 이것들을 공역적(共域的)인 양이라고 부른다. p_x라는 것은 x방향에 대한 운동량이고, p_y는 마찬가지로 y방향에 관계하는 운동량이다.

돌멩이 같은 물체가 있고, 이것이 움직이고 있다고 하자. 몇 시 몇 분, 즉 t라는 시각에 그 돌이 어디에 있는지 그 위치를 나타내는 수치가 x(및 y와 z)이다.

어느 시간 t가 경과했을 때, 그 경과와 함께 x의 수치가 얼마만큼 변했는가? 바꾸어 말하면 x의 움직임을 t로 나눈 것이 속도 v이다(정확히 말하면 x를 t로 미분한 것이 v가 된다). 그리고 이 v에 돌의 질량인 m을 곱한 것, 즉 $p=mv$가 운동량이 된다.

이상과 같이 최초로 돌의 위치 x라는 것이 정해지고 그로부터 차례로 속도, 운동량이라는 식으로 규정지어져 간다는 것이 상식적인 생각이다. 그러나 역학이라는 학문을 체계 정립할 때에는 반드시 이처럼 위치 x라는 것이 주가 되고 운동량 p라는 것은 그로부터 파생한 부산물이라는 판단을 하지는 않는다. 오히려 x와 p는 동격으로 취급하는 것이다.

돌멩이는 어느 순간에 어떠어떠한 위치에 있다는 것과 마찬가지로 얼마만큼의 운동량을 소유하고 있다는 식으로 양자를 공평하게 취급하여 운동을 표기하는 식 안에도 서로 편견이 없도록 기입해 간다.

장소와, 질량과 속도의 크기인 운동량이 대등하다면 너무 이상하다고 생각할지도 모르지만, 이상하다고 느끼는 것은 어디까지나 인간의 감각에 지나지 않는다. 자연계라는 것은 이 양자에 결코 우열을 따지지 않는다는 것을 다소 억지인지도 모르지만 이해하여 주었으면 한다.

이것이 양자론이 되면, x와 p와의 어느 쪽인가를 정확하게 측정해 주면 다른 쪽은 전혀 정할 수 없게 되어버린다는 식으로 되지만, 여기에서는 양자론은 다루지 말자.

마찬가지로 시간 t와 에너지 E와의 사이에도 비슷한 관계가 있다. 각각 지나쳐 가는 어느 시간이라는 것과 에너지(돌멩이로 말하자면 그것이 빠르게 구른다든가 높은 위치에 있을 때 에너지가 크다고 한다)라는 것을 어떻게 마찬가지로 생각할 수 있는가 하고 비웃는 독자들도 많을 것이다.

확실히 감각적인 의미에서는 t와 E는 완전히 이질적(異質的)인 것이고, 아무리 물리를 잘 이해하는 인간이라도 잘못된 것은 잘못된 것밖에 눈에 비치지 않는다.

그러나 수식을 정리해 형식적으로 조사해 가면 시간과 에너지는 역시 동등한 자격으로 다룰 수가 있는 것이다.

그러니까 시간 t가 공간(x, y, z)의 4번째 좌표라면 에너지 E는 운동량(p_x, p_y, p_z)의 4번째 변수라고 해석해 주지 않으면 안 된다.

다시 4차원의 세계로

공간과 시간으로 구성된 4차원의 세계에서 불변량(不變量 : 앞서 기술한 $c^2t^2 - x^2 - y^2 - z^2$을 단지 $x_2 - x_1$을 간단히 x로 했다)이 있다면 운동량과 에너지로 만들 수 있는 4차원 공간에도 불변량이 없어서는 안 된다. 등속으로 달리고 있는 돌멩이(또는 원자나 소립자 같은 작은 것이라도 상관없다)의 운동량을 (p_x, p_y, p_z)로 하고 그 에너지를 E라고 하면 시공간의 경우와 마찬가지로,

$$\frac{E^2}{c^2} - p_x^2 - p_y^2 - p_z^2 = (\text{일정}) = m_0{}^2c^2$$

이 된다. 앞에서는 t에 c를 곱해 x(즉, 길이)와 같은 성질의 물리량(物理量)으로 했지만, 이번에는 4형제 중 막내인 E를 c로 나누어 p와 같은 단위로 했다. 어떤 입자에서도 그 운동량이나 에너지를 정확하게 측정해 주면 확실히 이와 같은 식이 된다.

빠르게 달리는 입자를 정지하여 관측해도, 달리면서 측정해 보아도 p나 E는 각각의 양은 달라질지 모르지만 4개 항의 조합은(정확히 말하면 플러스 항 한 개와 마이너스 항 세 개의 합은) 절대로 변하지 않는다.

그러니까 특수상대론은 무엇인가? 하고 질문한다면 시간과 공간으로 구성된 4개 항의 합, 및 마찬가지로 에너지와 운동량으로 형성된 4개 항의 합이 어느 쪽도 불변인 것이라고 말할 수 있다.

고유질량

그리고 에너지와 운동량 쪽의 4개 항의 합은 주목하고 있는 입자(돌멩이라도 상관없지만)에 의해 정해지는 것이고(이것이 일정하다는 것은 관측 방법과 관계없이 일정하다는 것이다. 대상물이 골프공에서 구슬로 변하면 물론 에너지도 운동량도 다르니까 이 일정치도 달라진다), 이것을 고유질량 m_0의 제곱과 광속도의 제곱과의 값과 같다라고 놓는 것이다.

앞서 질량의 공식을 기술했는데, 분모에 루트를 가지는 137쪽의 공식은 실은 여기에서 본 4차원 불변식으로부터 유도된 것이고, 원래는 불변식 쪽이 질량공식보다 선행한다라고 해석해도 좋다.

가령 입자가 y 방향과 z 방향으로는 움직이지 않는다고 하면 p_y나 p_z도 제로이니까 불변식은 간단히 되어(p_x를 간단히 p로 쓰기로 한다),

$$E^2 - p^2 c^2 = m_0{}^2 c^4$$

이 된다(분수가 되는 것을 피하기 위해 146쪽 식의 양 변에 c^2을 곱했다).

되풀이하지만, 상대론은 어디까지나 이 식으로 $E^2 - p^2 c^2$이 일정하다는 것을 주장하는 것이다. 여기서 우변은 $m_0{}^2 c^4$이 되는데, 이것은 입자 특유의 일정치라는 식으로 해석하고 현실로 측정할 수 있는 물리적인 양의 제곱이라는 등의 딱딱한 사고방식은 던져 버리자.

이렇게 하면 종래의 상대론을 조금도 파손시키지 않고 타키온의 경우에도 성립하는 폭넓은 이론을 성립시킬 수 있는 것이다.

결론부터 말한다.

이 식의 우변 $m_0{}^2c^4$이(따라서 좌변도 같다),

(1) 플러스일 때에는 타르디온

(2) 0일 때에는 룩손

(3) 마이너스일 때에는 타키온

을 나타내는 것이 된다.

종래의 상대론

지금까지의 상대론에서는 (1)의 타르디온과 (2)의 룩손의 경우만을 다루어 왔다.

예를 들면 타르디온으로, 그것이 만약 정지해 있다면(즉 $p = 0$이니까),

$$E=m_0c^2$$

이 되어 잘 알려져 있는 질량과 에너지와의 등가공식(等價公式)이 된다.

또 좌변에 있는 p^2c^2의 항을 우변으로 이항하여 근사계산(近似計算)을 하면 타르디온이니까,

$$p^2c^2=m^2v^2c^2=m_0{}^2v^2c^2/\{1-(v/c)^2\}$$

이라는 것을 고려해,

$$E= \sqrt{m_0^2 c^4 + p^2 c^2} = m_0 c^2 + \frac{m_0}{2} v^2 + \frac{3}{8} m_0 v^2 (\frac{v}{c})^2 + \cdots\cdots$$

이 되지만, v가 c에 비해 상당히 작을 때에는 $(\frac{v}{c})^2$은 더욱 작아지

니까 우변의 제3항 이하를 잘라버려, 에너지 E 라는 것은 그것이

질량을 가지고 있기 때문에 소유하고 있는 곳의 고유의 에너지 m_0

c^2과 운동에너지 $m_0 v^2 v^2/2$ 과의 합이 된다.

　보통의 역학(力學)에서는 고유 에너지라는 것은 항상 제외하고

생각하게끔 되어 있기 때문에 v로 달리는 것의 에너지는 $m_0 v^2/2$

로 써지는 것이다.

　이같이 생각해 보면 고등학교 정도에서 배우는 운동에너지라는

것은 실은 상대론 식의 계산 도상에 있어서 돌멩이의 빠르기는 빛

과 비교해 상당히 늦다는 근사(近似)를 이용하여 이끌어낸 것이라

고 말할 수 있다.

　그럼 룩손의 경우는 어떨까? 우변의 질량이 0이니까,

　　$E = pc$　또는　$p = E/c$

가 된다.

　실제로 광자를 파(波)와 같이 생각해[희문의 빌딜 순서로서는 먼

저 광자를 생각하고 후에 아인슈타인의 광량자(光量子) 가설 등에

의해 이것을 입자로 간주하게 되어 있지만] 그 파장을 λ(람다), 진

동수를 ν(뉴)로 하면 E와 ν 및 p와 λ는 다음과 같이 관계 지어져

있다.

$$\begin{cases} E = h\nu \\ p = h/\lambda = h\nu/c \end{cases}$$

h는 플랑크상수(Planck constant)라 불리는 것이고, 물질을 파동으로 보는 경우와 입자로 취급하는 경우 각각의 양 사이의 환산에 사용되는 중요한 상수(常數)이다. 결국 여기에서도 광자에 관해 $p = E/c$가 이끌어내어져 앞의 에너지 운동량 공간에서의 불변식을 입증하고 있는 것이 된다.

에너지와 운동량과의 관계

달리고 있는 입자의 운동량 p가 변하면 에너지 E는 어떻게 변화해 갈까? p를 가로축, E를 세로축으로 한 그래프에 그려 보는 것이 가장 이해하기가 쉽다.

다만 앞의 식에서 $E^2 - p^2 c^2 = m_0^2 c^4$의 양 변을 플러스의 수치인 $|m_0|^2 c^4$으로 나누기로 한다.

이렇게 하면 식의 양 변은 양(量)을 갖지 않는 단순한 숫자가 된다. $|m_0|$을 m_0의 절대치라고 하고 m_0가 마이너스이든 혹은 허수이든 $|m_0|$은 플러스의 값을 의미한다.

타지온에서는 우변의 $m_0^2 c^4$는 원래 플러스였고 타키온에서는 마이너스였으니까 앞의 식은 세 개로 쪼개져,

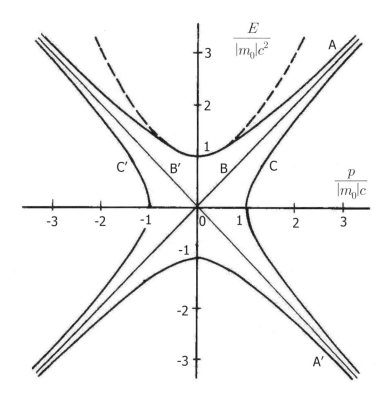

상대론으로부터 이끌어낸 입자의 운동량(p)과 에너지(E)의 관계. 실선이 $E^2 - p^2c^2 = m_0{}^2c^4$인 그래프이고, B 및 B'는 룩손, A는 타르디온, A'는 마이너스 타르디온을 나타내고, C 및 C'는 타키온을 나타낸다. 점선은 고전역학에서의 입자를 나타낸다.

$$\left(\frac{E}{|m_0|c^2}\right)^2 - \left(\frac{p}{|m_0|c}\right)^2 = \begin{cases} +1 & : \text{타르디온} \\ 0 & : \text{룩손} \\ -1 & : \text{타키온} \end{cases}$$

이 된다.

굳이 해석기하학 따위의 어려운 학문을 논하지 않더라도 $y^2 - x^2$ =1(타르디온의 경우에 해당)은 그래프의 상부와 하부에 형성되는 직각 쌍곡선, $y^2 - z^2$=0(룩손에 해당)은 원점에서 좌표축과 45° 각도로 교차하는 직선, $y^2 - x^2$=−1(타키온의 경우에 해당)은 우측과 좌측에 그려진 직각 쌍곡선이 된다는 것은 곧 알 수 있을 것이다.

따라서 상대론으로부터 얻어지는 결과는 그림에서 알 수가 있듯이 두 개의 직선(B와 B')과 4개의 쌍곡선(A와 A', C와 C')이다.

이 경우 입자의 속도는 곡선(또는 직선)의 경사가 된다. 우측 좌표라면 오른쪽(x축의 플러스 방향)으로 달리고 있는 것이고, 좌측 좌표라면 왼쪽을 향해 운동하는 것에 해당한다. 그래서 곡선이 치솟으면 치솟을수록 입자의 속도는 크다(미분학을 아는 사람은 $\nu = dE/dp$라는 관계로부터 이상의 것을 곧 납득할 수 있을 것이다).

한눈에 봐서 알 수 있듯이, 룩손은 직선……즉 운동량이 크든 작든 속도는 일정(광속도 c)하다. 다만 오른쪽으로 달리는 것과 왼쪽으로 달리는 것 양쪽을 고려하지 않으면 안 된다.

에너지가 마이너스인 입자

타키온, 즉 그림의 우측과 좌측의 쌍곡선에 대한 이야기는 뒷전으로 미루자.

위쪽의 쌍곡선(그림의 A)은 양자・중성자・전자 등 이른바 타르디온의 에너지와 운동량과의 관계를 나타내고 있다. p가 커지면 커질수록 E도 증대하지만 곡선은 점차 직선처럼 되어 간다. 즉, 에너지는 얼마든지 커지지만 입자의 속도는 한없이 일정치 c에 접근하는 것이다.

보통의 역학에서는 운동에너지를 $m_0 v^2 / 2$라고 놓아버린다[이것을 비상대론적(非相對論的)인 역학이라고 한다]. 이것에 질량을 위한 에너지 $m_0 c^2$을 더한 것이 그림의 점선이고 포물선으로 되어 있다. 운동량(따라서 속도)이 작을 때에는 실선은 점선과 근사치가 된다는 것을 잘 알 수 있다.

이상은 종래의 상대론을 그대로 기술한 것에 지나지 않는데, 곤란한 것은 수평축 아래에도 직선이나 곡선이 나타난다는 것이다.

그림의 A'는 고유질량 m_0의 제곱이 플러스이고 에너지 E가 마이너스인 입자를 나타내고 있다. 다만 속도는(즉 곡선의 경사는) 45°를 넘지 않기 때문에 이것은 타르디온으로 해석하지 않으면 안 된다.

이 곡선에서 $p = 0$인 경우를 생각해 보면 $E = m_0 c^2$에서 E가 마이너스이기 때문에(타르디온이니까 m_0는 실수) 당연히 고유질량 m_0는 마이너스가 되지 않으면 안 된다. 에너지도 질량도 마이너스이고, 속도는 광속도를 넘지 않는 입자, 이러한 것이 나오는 것이다.

마이너스 질량이란 어떤 것인가? 힘을 가하면 반대쪽으로 가속하는 물체이다. 더구나 그림의 쌍곡선의 형태로부터 알 수 있듯이, 에너지가 감소할수록(그래프에서 아래로 내려갈수록) 운동량은 커진다. 이처럼 물체(혹은 입자)는 달리면서 에너지를 방출하여 더욱 빨라져 버린다.

실은 이와 같은 입자는 1928년경 영국의 물리학자 폴 디랙(Paul Adrien Maurice Dirac)에 의해 전자에 관한 연구에서 생각되었던 것이다. 이 같은 상식 밖의 실로 터무니없는 전자를 노새전자라고 하는 사람도 있다. 그래서 디랙은, 진공은 노새전자로 가득 차 있으며 간혹 노새전자가 빠진 구멍이 양전자[앞서도 기술했듯이, 보통 전자의 반입자(反粒子)]라고 주장했다. 그리고 나서 4년 후인 1932년에 앤더슨에 의해 안개상자 속에서 양전자를 구할 수 있게 되었던 것이다.

전자론(電子論)에서는 이처럼 마이너스 입자가 잘 설명되었지만, 모든 입자에 대해 이 같은 일반론이 성립하는지 어떤지 무어라고 말할 수 없다.

게다가 그림 속에는 마이너스인 룩손도 들어가 있다. 광자의 에너지는 $h\nu$ 또는 hc/λ이고 진동수가 작아지면(파장이 길어지면) 에너지는 작아지며 아래의 한계는 0이다. 에너지가 마이너스인 광자, 혹은 뉴트리노 따위는 우리는 모른다.

그러나 만약 마이너스인 타르디온이 있다고 한다면 그 극한 상태(고유질량을 무한히 작게 한 극한이다)로서 마이너스인 룩손도 마찬가지로 생각해 주지 않으면 안 된다.

우주에 마이너스 입자는 있는가?

구 소비에트의 물리학자 텔레츠키는 마이너스 질량의 입자를 반드시 부정하고 있지는 않다. 상대론의 식으로부터 귀결되는 것은 역시 이 세상에 존재해야 한다고 생각하고 있는 듯하다.

다음 장에서 상세하게 기술할 타키온도 마찬가지 견지에서 긍정되어 가는 것이다.

텔레츠키의 이론을 간단하게 기술하면 다음과 같이 된다.

지구·태양·항성, 나아가서 은하계라는 것은 커다란 플러스의 질량을 가지고 있다. 바꾸어 말하면 이 별들의 주위는 (플러스의) 중력장(重力場)으로 되어 있다. 중력장에 있는 플러스 질량에는 커다란 힘이 작용한다. 이것이 만유인력이다.

이것과는 반대로 마이너스 질량의 입자 사이에는(텔레츠키의 이론에 의하면) 척력(斥力)이 작용한다고 생각하는 것이다. 이 때문에 플러스 입자는 모여서 성운을 만들지만, 마이너스 입자는 서로 반발하여 그 결과 우주 공간에 비슷비슷한 밀도로(그렇다고는 해도 상당히 적은 밀도이지만) 분포하게 된다.

질량은 원래 관성의 정도(알기 쉽게 말하면, 힘을 가해도 가속하지 않으려고 강경히 버티는 끈질긴 것)로서 정의된 것이고, 쿨롱 힘[양자의 물리량의 값에 비례하고 거리의 제곱에 반비례하는 힘]으로부터 규정되는 전기나 자기(磁氣)와는 동일하게 논할 수 없다는 것 같다.

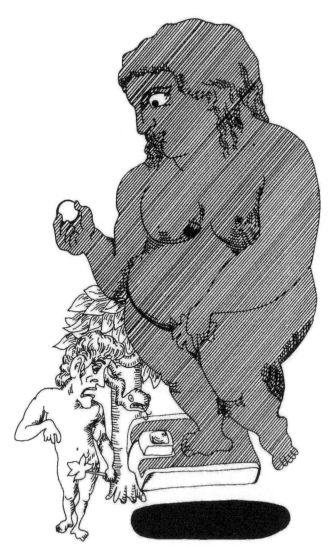

질량 마이너스의 입자?

그러니까 같은 부호의 질량에서도 플러스끼리라면 인력, 마이너스끼리라면 척력이 된다고 하는 것이다(진위는 분명치 않지만).

그런데 플러스 입자(별이나 지구를 형성하고 있는 보통의 소립자, 양자·중성자·전자 등)는 우주 공간 전체를 평균하여 보면 1입방미터 속에 불과 10^{-24}그램(1그램의 1조분의 1의 1조분의 1) 정도, 즉 1입방미터 속에 양자가 대개 하나만 있다는 정도가 된다.

마이너스 입자도 같은 정도로 우주에 존재하지만, 이것은 척력 때문에 서로 뭉쳐 별이나 성운(星雲)을 형성하지는 않는다. 1입방미터에 10^{-24}그램(정확히는 마이너스 그램일 것이다)이라는 비율로 흩뿌려져 있는 데 지나지 않는다.

이렇게 작은 마이너스 입자는 도저히 우리들로서는 관측할 수가 없고, 또 이 마이너스 입자가 지구상의 여러 가지 물체(즉 플러스 입자)에 미치는 작용도 이해할 수가 없다. 그러니까 현재의 기술로서는 어떤 실험기구를 사용해도 마이너스 입자의 존재를 인정하는 데까지는 미치지 못하고 있다.

그럼 플러스 입자와 마이너스 입자 사이의 상호작용은 어떤 것일까?

소립자론에 의하면, 입자간의 상호작용이라는 것은 앞서도 잠깐 언급했듯이, 강한 상호작용, 전자(電磁) 상호작용, 약한 상호작용, 그리고 또 하나 중력에 의한 상호작용이라는 것이다. 마지막 것은 그야말로 지극히 작은 것으로 도저히 문제가 되지 않는다.

플러스 입자와 마이너스 입자 사이에는 중력의 상호작용밖에 존재하지 않는다고 생각하는 것이다. 이것은 양쪽은 거의 교섭이 없다는 의미이고, 열역학적(熱力學的)인 말을 사용하면 마이너스인 질량을 가진 입자의 체계는 보통의 물질로부터 단열적(斷熱的)으로 고립하여 있다는 의미이다.

요컨대 결론부터 말하자면, 마이너스 입자가 존재하는 것은 부정하지 않지만, 쉽게 관측할 수는 없다는 것이다.

그러나 태양계 정도, 나아가서는 은하계 정도의 크기에서는 마이너스 입자는 대단한 것은 아니지만(마이너스 입자는 은하처럼 뭉쳐져 있지 않으니까), 더욱 큰 스케일로 우주를 바라보았을 때에는—티끌도 쌓이면 태산이 된다는 말처럼—거기에는 거대한 마이너스 질량이 존재하고 있어 그것들이 무언가 생각할 수도 없는 사건을 일으키고 있을지도 모른다.

이상이 텔레츠키의 논지(論旨)이다. 학설은 어디까지나 학설이지, 물리학자 모두가 우주 공간에 마이너스 입자가 존재한다는 것을 인정하고 있는 것은 아니다.

또한 소립자론의 실험은 물론(양전자에 대해서는 특별히 인정되고 있지만) 천문학적인 관측에서도 아직까지 마이너스 입자를 증명하는 실험은 보고되어 있지 않다.

그러나 이론적으로는 마이너스 입자는 그대로 마이너스의 절대온도나 엔트로피의 감소로 연결되는 것이고, 지극히 흥미를 불러일으키는 물리학의 기초적인 연구의 하나라고 말할 수 있을 것이다.

PART 4. 메타 상대론
meta relativity

죽는 것은 이 같은 것인가?
밤낮을 머물지 않고

— 《논어》

타키온의 속도

타임머신, 즉 과거나 미래로 인간을 보낸다거나 미래를 선취(先取)하는 이야기를 하려면 아무래도 초광속 입자 타키온의 힘을 빌리지 않으면 안 된다. 앞 장의 끄트머리에서 마이너스 질량을 가진 입자에 대해 언급했지만, 그것은 어디까지나 타르디온으로서의 이야기이고 기묘한 사항임에는 틀림없지만, 타키온과는 이질적인 것이다.

이제부터 이야기를 진행해 갈 타키온에도 실은 플러스 에너지를 가진 것과 마이너스를 가진 것 양쪽이 있지만, 앞 장의 이야기와는 별개라고 생각해 주기 바란다. 그 구분을 확실히 하기 위해 앞 장 151쪽의 그래프를 참조하기 바란다.

곡선 A와 두 개의 직선, B, B'의 윗부분 절반은 완전히 보통의 상대론이고, B, B'의 아랫부분 절반과 곡선 A'가 속도는 광속 또는 그 이하이지만, 에너지는 마이너스가 되는 약간 기묘한 입자였다. 그러나 우리의 목적은 오히려 초광속 입자이고, 이것은 C 및 C'이다. 이것들은,

(1) C의 윗부분 절반은 오른쪽으로 달리며, 에너지가 플러스인 타키온.

(2) C의 아랫부분 절반은 왼쪽으로 달리며, 에너지가 마이너스인 타키온.

(3) C'의 윗부분 절반은 왼쪽으로 달리며, 에너지가 플러스인 타

키온.

(4) C'의 아랫부분 절반은 오른쪽으로 달리며, 에너지가 마이너
스인 타키온.

게다가 속도와 운동량의 방향은 반드시 일치하지 않아, (1)과
(2)에서는 운동량이 오른쪽 방향, (3)과 (4)에서는 운동량이 왼쪽
방향이 되어 있다.

이 밖에 그림에서 알 수 있는 것은 에너지가 0일 때(즉 양쪽의
쌍곡선이 가로축을 자르는 점에서) 속도는 무한대가 된다(곡선이
수평축과 직교하고 있기 때문에 기울기는 무한대). 이 경우를 초월
타키온(영어로 transcendent tachyon이라고 하는데, 그다지 잘된
번역은 아니다)으로 부르기로 한다.

더구나 에너지가 매우 크거나 또는 마이너스의 절대치가 매우
클 때 운동량도 현저하게 증대하지만, 속도(즉 접선의 기울기)는
도리어 감소해 하한선인 광속도 c에 가까워진다.

요컨대 타키온은 타르디온과 전혀 반대로 가장 작은 속도가 c,
빠른 쪽은 얼마든지 빨라질 수가 있다는 성질을 가지고 있다.

타키온과의 충돌

가령 보통의 입자(타르디온)가 그림처럼 왼쪽에서 오른쪽 위를
향해 달려왔다고 하자. 여기서 위로부터 곧장 아래를 향해 내려온
초월 타키온과 충돌해 입자가 초월 타키온을 완전히 흡수해 버렸다

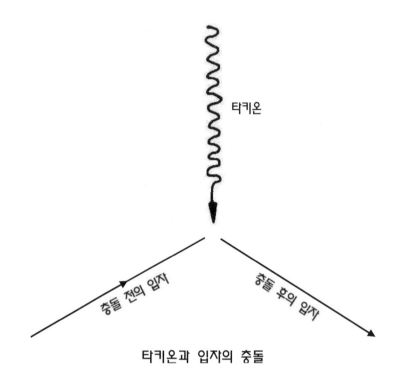

타키온

충돌 전의 입자

충돌 후의 입자

타키온과 입자의 충돌

고 하자.

타키온이 가지고 있던 운동량만큼 입자의 운동량은 (벡터적으로
: vector란 크기와 방향을 가진 양을 말함) 증가하니까 흡수 후의
입자는 오른쪽 아래로 달려가게 된다(즉 타키온에 의해 밑으로 밀
려난다).

이때 입자는 타키온의 운동량은 받지만(그러니까 방향이 바뀐
다)
에너지는 불변이다(초월 타키온은 에너지가 전혀 없기 때문에). 그
러니까 충돌을 전후하여 입자의 속도는 변하지 않는다.

마침 입자는 타키온과의 충돌 지점에서 마치 타키온의 진행 방향과 직각인 벽에 탄성충돌(반발계수가 1이고 더구나 마찰이 없는 충돌)한 것과 같은 결과가 된다.

이것도 타키온이라는 불가사의한 입자가 가지는 특징의 하나라고 말할 수 있을 것이다.

운동량은 있지만 에너지는 없다는 것은 이처럼 해석하면 된다.

밍코프스키 공간

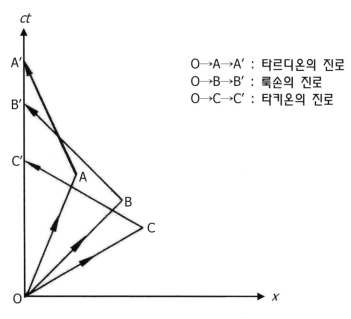

O→A→A′ : 타르디온의 진로
O→B→B′ : 룩손의 진로
O→C→C′ : 타키온의 진로

3종류의 입자의 시공간(밍코프스키 공간)에서의 운동

이제 한번 시간과 공간에 의해 형성되는 4차원 세계를 생각해 보자. 다만 4차원의 그래프는 그릴 수가 없으니까, 공간 쪽의 y축, z축은 놔두고 x좌표만으로 하여, 이것을 가로축으로, 그리고 세로축은 ct로 한다. 세로의 시간축은 아래쪽이 과거, 위쪽이 미래라고 정한다.

그래프의 눈금은 예를 들면, 세로축의 1센티미터를 1년에 해당한다고 하면 가로축의 1센티미터는 1광년(빛이 1년간에 나아가는 거리)이 되도록 한다. 이같이 하면 빛(즉 룩손)의 경로라는 것은 반드시 45°로 꺾인 직선이 된다. 오른쪽으로 올라간 직선은 오른쪽으로 (x의 플러스 방향으로) 나아가는 빛을 나타내고, 왼쪽으로 올라간 직선은 x의 마이너스 방향으로 진행하는 빛을 의미하는 것이 된다.

정지해 있는 물체는 시간이 지나도 x축 위에서 이동하지 않으니까, 그래프에서는 아래에서 위로 똑바로 나아간다. 또 물체의 경로를 나타내는 직선이 상하의 방향으로부터 차츰차츰 옆으로 기울어지면 기울어질수록 그 물체는 빨리 달리고 있는 것이 된다(앞서의 E와 p의 그래프에서는 곡선이 곤두설수록 입자는 빨랐지만, 이번의 t와 x의 그래프에서는 거꾸로 옆으로 눕는 것이 빠른 것이라는 데 주의).

알기 쉽게 예를 들어보자. O라는 시공점(時空点, 시간과 공간을 지정한 점)으로부터 타르디온, 룩손, 타키온의 세 입자가 x의 플러스 방향(그림에서는 오른쪽)으로 발사되었다고 하자. 이것들은 모두 시공점의 어느 장소에서 튕겨져, 같은 속도로 반대인 원래 위치로 돌아왔다고 하자. 이것이 165쪽의 그림이다.

O→A→A'는 타르디온(양자나 전자)이고, O→B→B'는 룩손(광자나 뉴트리노)을 나타내며 O→C→C'가 타키온의 경로가 된다. 타르디온은 가장 가까운 위치(A)에서 튕겨졌지만, 돌아오는 시간은 가장 늦고, 반대로 타키온은 상당히 먼 장소(C)까지 다녀왔지만, 돌아오는 것은 가장 빠르다.

이상은 매우 간결한 사항이고, 독자들도 직감적으로 충분히 이해할 수 있으리라고 생각한다. 이처럼 정지해 있는 좌표만으로부터 관찰하는 한, 타르디온, 룩손은 물론이고 타키온도 과거(O)로부터 출발하여 미래(C')로 귀환하는 것이며, 시간의 역행성 따위가 일어날 여지는 없다.

움직이고 있는 좌표에서 보면

시속 150킬로미터로 달리고 있는 열차를 시속 200킬로미터의 열차를 타고 스쳐 지나갈 때 객차의 창을 통해 보면 상대는 시속 350킬로미터로 보인다. 또 시속 200킬로미터 열차 속에서 진행 방향으로 시속 50킬로미터의 공을 던지면(열차 속에서 공을 던지는 것은 위험하다는 따위는 제쳐두고) 지상에 있는 사람에게는 공의 시속은 250킬로미터가 된다.

이같이 물선의 빠르기는 그것을 보는 사람의 입장에 따라 달라진다. 하지만 종래의 상대론에서는 광속으로 달리는 것 이외에 대해서는 역시 입장에 따라 속도는 달라지지만, 이처럼 간단한 덧셈 뺄

셈은 하지 않는다.

열차의 속도를 v, 열차에 대한 공의 속도를 u 라고 하면, 지상으로부터 본 공(물론 열차 안에서 진행방향으로 던져진 공)의 속도 u'는 보통으로는,

$$u' = v + u$$

가 되지만, 상대성이론에서는,

$$u' = \frac{v+u}{1 + \dfrac{uv}{c^2}}, \quad c \text{ 는 광속도}$$

가 되는 것이다. 여기에서는 증명을 생략하고 수치만을 기술해 보자.

광속의 75퍼센트인 열차 안에서 진행 방향으로 열차에 대해 역시 광속의 75퍼센트인 빠르기로 공을 던진다면 지상에 있는 사람에게 공은 빛의 1배 반이 아니라 광속의 96퍼센트가 되는 것이다.

열차도 공도 광속의 90퍼센트라면 지상의 사람에게는 공은 광속의 99.4퍼센트 정도가 된다.

즉 어떠한 수단을 강구해도, 어떠한 입장에서 물건을 보아도 빠르기라는 것은 광속을 초월하는 일이 없다.

열차 안의 사람과 지상의 인간이라는 식으로 입장을 바꾸어 바라본다는 것은 그래프로 말하자면 x좌표나 t좌표를 변화시키는 것

에 해당한다. 그렇게 하여 사건(예를 들면, T군이 머리를 긁적였다는 따위의 사건) 쪽은 그래프 안의 점으로 표시되어 이쪽은 보는 사람의 입장이 바뀌어도 같은 점으로 나타나게 된다.

증명의 방법은 할애받은 결과만을 그리면 아래의 그림과 같이 된다.

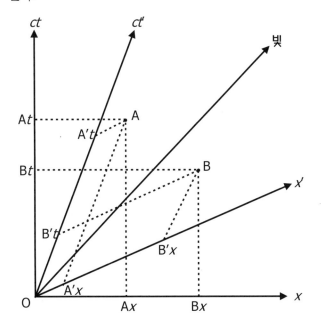

관측자의 차이는 좌표계의 차이이다. A라는 사건이 어느 관측자에게는(Ax, At)로 보이고, 다른 관측자에게는(Ax', At')로 보인다. 그러나 빛의 속도는 모두 같다는 점에 주의하자.

정지해 있는 사람의 입장을 x와 ct 처럼 직교(直交) 좌표로 하면 x의 플러스 방향으로 달리고 있는 열차 안의 인간의 입장은 x'와

*ct'*처럼 사교좌표(斜交座標)가 되는 것이다. 이와 같이 그림으로써 상대론적인 요구를(예를 들면, 75퍼센트와 75퍼센트로 96퍼센트가 된다는 실험 사실을) 막힘없이 설명할 수 있는 것이다.

그러니까 A라는 사건을 정지계(停止系)로 보면 그 위치와 시각은 (*Ax*, *At*)이고, 열차계에 대해서는 (*Ax'*, *At'*)가 된다. B라는 사건은 정지계와 열차계에서 각각 (*Bx*, *Bt*), (*Bx'*, *Bt'*)가 된다.

다만 종래의 상대론에서는 O점으로부터 출발한 신호는(신호에는 룩손이나 그렇지 않으면 타르디온을 사용한다) A점에는 이르지만 B점(점이라고는 하지만 시공점인 것에 주의)에는 도달하지 않는다.

A에는 도달하고 B에는 도달하지 않는다는 것은 좌표계를 어떻게 설정해도(즉 어느 쪽의 방향으로 얼마만한 빠르기로 달리면서 이 세상을 바라보아도) 엄연한 사실이다. 그러니까 O점에서의 사건과 B점에서의 사건과는 전혀 관계가 없고 그 사이에 인과관계는 전혀 존재하지 않는다고 생각되고 있었다.

운동량과 에너지의 변화

비상대론(즉 보통의 역학)에서는 운동량은 속도와 비례하는 것, 에너지는 속도의 제곱에 비례하는 것이라고 간단히 생각해 왔다. 하지만 상대론이 되면 이야기는 다르다. 속도가 변하면 물체의 질량이 변해버린다.

예를 들면, 입자가 x의 플러스 방향으로 속도 u로 달리고 있다고 하자(아까는 열차에서 본 속도가 u였지만, 이번에는 지상에서 볼 때를 u로 했다). 정지해 있는 사람에게 있어서 이 입자의 운동량 p와 에너지 E와는

$$p = \frac{m_0 u}{\sqrt{1-(u/c)^2}}, \quad E = \frac{m_0 c^2}{\sqrt{1-(u/c)^2}} \quad \text{이다.}$$

그럼 이 입자를 맹 스피드의 로켓 같은 것으로 쫓아간다면 어떻게 될까? 로켓 안의 인간에게는 입자는 점차 더디게 느껴질 것이다. 그렇게 하여 로켓과 입자의 속도가 같아졌을 때 로켓에서 본 입자의 운동량은 0이 되고 에너지는 $m_0 c^2$(즉 질량으로서의 에너지뿐으로 운동에너지는 0이라는 것)이 되어버린다.

보는 입장에 따라 입자의 운동량이 변화하는 것은 직감적으로 이해할 수 있는데, 운동에너지라는 것도 역시 변화하는 것이다.

그렇게 하여 로켓이 입자를 앞질러 버린다면 운동량의 수치는 마이너스가 되고(즉 입자는 x의 마이너스 쪽—즉, 좌측—으로 달리고 있는 것이 되고), 에너지 쪽은 재차 증가하기 시작하는 것이다.

v를 지면에 대한 로켓의 속도라고 하면 로켓에서 본 입자의 운동량 p'와 에너지 E'는 정지한 사람으로부터 보았던 앞서의 p나 E에 비해 다음과 같이 변하는 것이다. 번거로운 식에 신경 쓰는 것은 그만두고 그래프 쪽을 보기로 하자. 앞 장에서 그린 에너지와 운동량의 곡선을 다시 한 번 검토해 보기로 하자.

$$p'=p\dfrac{1-\dfrac{v}{u}}{\sqrt{1-(\dfrac{v}{c})^2}}=\dfrac{m_0(u-v)}{\sqrt{[1-(\dfrac{u}{c})^2][1-(\dfrac{v}{c})^2]}}$$

$$E'=E\dfrac{1-\dfrac{uv}{c^2}}{\sqrt{1-(\dfrac{v}{c})^2}}=\dfrac{m_0(c^2-uv)}{\sqrt{[1-(\dfrac{u}{c})^2][1-(\dfrac{v}{c})^2]}}$$

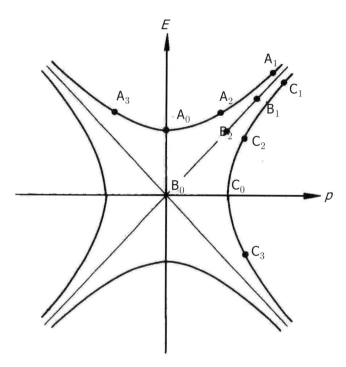

입자의 에너지와 운동량의 관계. A는 타르디온, B는 룩손, C는 타키온이다.

다만 이번에는 성가시니까 축의 이름을(분모에 씌어 있는 m_0의 절대치 따위를 생략해 써서) p와 E로 했다.

점 A_1은 상당히 빨리 우측으로 달리고 있는 타르디온을 나타낸다. 에너지도, 우측을 향한 운동량도 크다. 물론 이것은 정지해 있는 사람으로부터 본 이야기이다.

A_2는 조금 늦고 에너지도 약간 작다. A_0는 정지해 있는 입자, A_3는 왼쪽으로 달리고 있는 입자의 운동량 및 에너지를 나타내고 있다.

그런데 이 그래프를 다음과 같이 해석해도 된다.

A_1이라는 것은 지상에서 본 입자의 운동량과 에너지로 한다. 그렇게 하여 입자의 (지면에 대한) 속도는 결코 바꾸지 않기로 한다. 다만 우리들 쪽이 로켓으로 이 입자와 똑같은 방향을 향해 달려 보자.

로켓에서 보면 입자의 속도는 늦어, 따라서 운동량과 에너지도 작아 보인다. 즉 적당한 지점에서 우리의 눈에는 입자의 운동량과 에너지는 A_2점인 듯이 보일 것이다.

더욱이 로켓을 더욱 달려 입자와 같은 속도로 하면 로켓에 대해서 입자의 성질은 A_0가 된다. 또한 로켓 쪽이 입자보다 빨라지면 A_3처럼 나타난다.

같은 그래프로 두 가지 해석이 가능하다는 것은 172쪽의 긴 식이 증명하고 있다. 복잡한 식 때문에 약간 어리둥절했을지도 모르지만, p'나 E'를 우변과 같은 복잡한 형태로 나타내었을 때 u와 v

가 완전히 같은 취급을 받고 있다는 것을 알 수 있다.

즉 분모 쪽에 u가 많다든가, u는 1승(乘)이지만 v는 제곱이라는 불공평이 없다. u입자의 속도이고, v는 로켓의 속도이므로 위의 것은 그대로 입자를 늦추는 것과 우리들이 입자의 방향으로 달리면서 관측하는 것이 마찬가지의 결과가 된다는 것을 뒷받침해 주고 있다.

역시 광자에 대해서도, 예를 들어 발광체에서 B_1의 광자가 나오고 있다고 하자. 우리들이 같은 방향으로 달릴 때 광자는 B_2로 보인다. 즉 진동수가 작아지는(혹은 파장이 길어지는) 것이다.

우리들 쪽은 움직이지 않지만, 발광체가 이동한다는 예는 우주에 만연하고 있다. 미국의 천문학자 허블의 주장에 따르면 우주는 팽창하고 있다. 즉 지구로부터 멀리 떨어진 별일수록 빠르게 달아나고 있는 것이다.

그곳으로부터 찾아오는 빛은(이 광자는 x의 마이너스 쪽으로 진행하는 데 주의), 원래는 B_1인 광자가 B_2처럼 측정되어 별이 달아나는 속도가 광속도에 가까우면 그림의 B_0처럼 되어 가서 지구에서 보는 광자의 에너지와 운동량은 0에 가까워진다.

타키온은 어떻게 변하는가?

좌표 변화에 의해 타르디온이나 룩손이 어떻게 변하는지를 여러 번 설명했지만, 진정한 목표는 타키온이다. 어떤 운동량, 어떤 에너지의 타키온을 생각할 때 우리들이 만약 로켓을 타고 이것을 관찰

하면 에너지, 운동량 및 속도는 도대체 증가할 것인가, 아니면 감소할 것인가? 상대는 상식 밖의 입자이므로 상당히 신중하게 검토하지 않으면 안 된다.

그런데 다행히도 E와 p의 그래프가 이미 그려져 있고, 이것은 타르디온과 룩손뿐 아니라 타키온의 성질까지도 설명해 주는 것이다(이 그래프는 $m_0{}^2c^2$이라는 일정치가 마이너스가 되는 경우도 포함하여 기입한 것이기 때문에). 더구나 관측자가 달린다고 하는 것은, 곡선을 그대로 밟아 가면 된다는 것은, 이미 보통 입자의 경우를 예로 들어 증명했다.

거슬러 올라가 172쪽의 E와 p의 그래프를 다시 한 번 살펴보자.

양쪽의 쌍곡선이 타키온을 나타내고 있다. 이 두 개의 곡선은 서로 교차하는 일이 없다. 즉 우측을 향한 운동량을 가진 것은 관측법에 구애됨이 없이 오른쪽 방향이고, 처음부터 좌측을 향한 운동량을 가진 것은 철두철미하게 왼쪽을 향한다는 것이다.

다만 운동량이 오른쪽을 향한다고 해서 속도도 반드시 오른쪽을 향한다고 정해져 있는 것은 아니다. 그것이 타키온의 복잡한 점이다(단 앞 장 끝 무렵에 기술한 마이너스 질량의 타르디온—아래쪽에 형성된 쌍곡선—도 이 점에 관해서는 사정이 같다).

그럼 정지계로부터 보아 C_1으로 나타나는 타키온이 있다고 하자. 이것은 우측 방향으로 상당히 큰 운동량을 가지고 있으며, 에너지도 플러스로 상당히 크다. 속도(쌍곡선의 경사)는 빛보다도 약간 빠르다.

우리들이 타는 로켓은 보통물질로 만들어진 것이기 때문에 이것이 광속을 앞지르는 것은 불가능하다. 이 점은 재차 이해하여 주기 바란다.

관측자를 태운 로켓이 타키온과 같은 방향으로 달렸다고 하자. 그 때 타키온은 어떻게 보일까?

그림의 C_2처럼 되는 것이다. 운동량도 에너지도 감소하지만 속도 (곡선의 경사)는 거꾸로 커진다. 운동량은 속도와 비례한다는 보통 역학을 배우고 있는 우리들에게는 완전히 상식 밖의 이야기가 되지만, 어쨌든 타키온이라는 것은 그러한 성질을 가진 입자인 것이다.

v를 지면에 대한 관측자의 속도(물론 c보다 작은), u를 지면에 대한 타키온의 속도(이것은 c보다 크다)로 할 때 v가 0으로부터 점점 커져,

$$u = \frac{c^2}{u}$$

이 되면 에너지는 0으로 관측되는 것이다(그림의 C_0). 더구나 이것보다 v가 커지면(즉 로켓이 빨라지면) C_3가 되고, 이때는 관측자에 대해 타키온의 에너지는 마이너스, 운동량은 우측 방향, 그리고 속도는 좌측 방향이 된다.

슈퍼와 울트라

정지계(停止系)가 있다. 이에 대해 v의 속도로 움직이고 있는 또

하나의 체계(예를 들면, 굉장히 빠른 로켓)가 있다고 하자. 아무튼 한쪽이 정지해 있을 필요는 없고 상대속도가 v이기만 하면 되지만, 알기 쉽게 전자(前者)를 정지계로 부르기로 하자.

그리고 v의 값이 주어졌을 때 정지계에 대해 u의속도(u와 v는 같은 방향으로 한다)인 타키온이 있다고 하자.

이처럼 로켓과 정지계의 두 줄기 관측계가 있을 때 타키온의 속도를 어떤 값보다도 늦은 경우(그렇다고는 해도 물론 광속보다는 크지만)와 빠른 경우로 나누어,

$$c < u_1 < \frac{c^2}{v} < u_2 < \infty$$

라는 식으로 생각해야 할 것이다. 그렇게 해서 u_1을 슈퍼 루미날(super-luminal), u_2를 울트라 루미날(ultra-luminal)이라고 명명한다.

울트라 루미날은 관측계가 두 개 있을 때 비로소 정의할 수 있는 개념이고(즉 c^2/v 이 주어지지 않으면 안된다), 관측계가 하나라면 타키온은 항상 슈퍼 루미날이다.

이것을 앞의 E와 p의 그래프로 말하면 슈퍼 루미날이 타키온이라면 쌍곡선의 위쪽(C_1이나 C_2의 어느 부분)이지만, 울트라 루미날이 되면 움직이고 있는 한쪽의 좌표계에서 보았을 때 타키온의 에너지 및 운동량의 값은 C_3처럼 p축의 아래쪽이 되어버리는 것이다.

울트라 루미날

밍코프스키 공간으로 돌아가 슈퍼와 울트라의 의미를 생각해 보자. 정지 좌표를 x와 ct로 표시하고 이것에 대해 v로 달리는 좌표를 x'와 ct°로 나타내기로 하자.

타키온은 항상 45°(광속)보다도 수평에 가까운 선을 그린다.

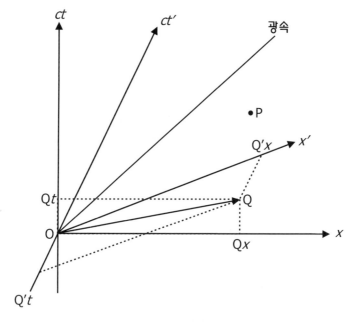

시공간에 있어서의 슈퍼 루미날 타키온(O→P)과 울트라 루미날 타키온(O→Q).

그런데 원점 O에서 그림의 P라는 시공점으로 달리는 타키온은 슈퍼이고 광속 이상이라는 점에서는 보통입자와 다르지만, 특별히 모순되는 점은 발생하지 않는다.

문제는 O에서 Q로 향하는 울트라 루미날 타키온이다.

정지계(그림의 직교좌표)에 있어서는 그 입자는 시간의 경과와 함께(즉 과거로부터 미래에 걸쳐) 오른쪽으로 달린다. 운동량도 우측 방향, 속도도 우측 방향, 에너지는 플러스로, 여기까지는 그럭저럭 결점을 드러내지 않고 이야기를 진행시킬 수 있다.

하지만 그 타키온을 다른 입장에서 바라본다면, 즉 사교축(斜交軸)에서 본다면 이것은 터무니없는 결과가 되어버린다.

출발점이 O, 도착점이 Q이다. 대시(dash) 계에서는 Q라는 것은 그 위치가 Qx'이고 이것은 O의 오른쪽(x의 플러스 쪽)이다.

하지만 Q의 시각은 Qt'이며 이것은 O보다도 과거인 것이다.

매우 이상스럽게 되었지만 수치만큼은 확실히 합치하고 있다.

$$속도 = \frac{진행거리}{소요시간}$$

이고, 거리 쪽은 오른쪽으로 가니까 플러스, 시간은 그 반대이므로 마이너스가 되어 나눗셈한 속도는 마이너스가 된다. 또한,

에너지 = 질량 × (광속도)^2
운동량 = 속도 × 질량

이며, 앞의 p와 E의 그래프에서 에너지는 마이너스이기 때문에 질량도 마이너스가 되어 운동량은 마이너스끼리 곱셈에 의해 플러스

가 되는 것이다.

타키온이여, 넌 과거로 돌아가는가?

상황에 맞추어 이야기를 진행해 온 타키온의 문제도 여기에 이르러 최대의 난관에 부딪쳐 버렸다. 무엇보다 타키온의 이론을 있는 그대로 전개해 가면 이 괴이한 것은 과거를 향해 달리는 것이 된다.

고양이 새끼라고 생각하고 길러 온 진기한 종류의 동물이 사실은 사람을 잡아먹는 호랑이였다는 식이다. 대단한 이야기에 목을 길게 늘어뜨려 버리고 말았다.

어쩌면 독자들 중에는 다음과 같은 말을 할 사람도 있을지 모르겠다.

『타키온이라도 슈퍼라면 트러블은 발생하지 않는다. 울트라 따위의 묘한 것을 만들었기 때문에 안 되는 것이다. 그러니까 두 개의 조(組)로 구성된 좌표 따위 혼돈스러운 것은 그만두고 직교 좌표만으로 이론을 진행해 가면 되지 않는가?』라고.

그러나 유감스럽게도 그렇게는 되지 않는다. 좌표에는 어느 것이 정지계이고 어느 것이 로켓계라는 식의 차별은 실제로는 없다. 좌표 변환을 하여(물리적인 말을 빌리면 이 같은 시공간 내에서의 변환을 로렌츠 변환이라고 부른다) 얻을 수 있는 계(系) 전부가 동등한 것이다.

하나의 계에는 성립하지만 다른 계로는 안 된다는 이론은 무가 치한 것이다.

앞에서 보면 멋진 야회복이지만 실은 옷감은 앞만 가리는 것이 고, 등 쪽은 알몸이다는 식이어서는 곤란한 것이다. 어느 곳에서 보 아도 완전한 형태가 아니면 안 된다.

시간의 방향에 역행하지 않으면 안 된다는 것이 타키온의 최대 의 난문(難問)이고, 종래의 상대론이 타르디온과 룩손만으로 한정 되어 온 이유도 여기에 있다.

보안관이 악한을 쓰러뜨리다

미국의 서부극에는(굳이 미국의 서부극으로 한정하지는 않는다. 마카로니 웨스턴도 유행했다) 대부분의 경우 총 솜씨가 빠른 악한 이 등장한다. 하지만 이보다 더 우수한 보안관이 나타나 악한을 쏘 았다고 하자. 그 장면을 생각해 보기로 하자.

악한과 보안관이 피스톨 사정거리 내로 접근한다. 거의 동시에 총을 뽑지만 보안관 쪽이 약간 더 빨리 불을 뿜고 악한은 피를 흘 리며 쓰러진다.

속사수들끼리의 대결이라면 눈에도 띄지 않을 정도의 속도로 승 부는 정해지지만, 아무리 순간적인 사건이라고 해도 보안관의 총으 로부터 먼저 탄환이 발사되고 그 탄환이 악한에게 명중하여 그 결 과 악한은 쓰러져 버린다는 것은 확실한 사실이다.

타키온의 탄환으로 결투하면, 왼쪽 그림이 정확하고, 오른쪽 그림 같은 일은 일어
날 수 없다.

여기에서 만약 보안관이 발사하는 탄환이 타키온이라면……하는 경우를 상정해 보자.

만약 이 서부극을 보는 사람이 보안관이나 악한과 같은 좌표계에서 움직이고 있지 않았다면(이것이 가장 보편적인 경우이지만) 이야기의 순서에 변경은 없다. 다만 보안관의 총구로부터 발사된 탄환은 굉장한 기세로(즉 초광속도로) 악한을 향해 달릴 뿐인 것이다.

하지만 관측자가 보안관으로부터 악한을 향해 c^2/u 이상의 빠르기로 달리고 있다면(c는 광속도이고 u는 탄환의 속도, u는 c보다 크기 때문에 관측자의 속도 c^2/u은 광속도보다 작다) 사정은 크게 달라진다. 이때의 탄환은 움직이는 좌표계에 대해 울트라 루미날이 되는 것이다.

이 결투를 움직이는 좌표계에서 본다면 어떻게 될까? 앞의 네 컷짜리 만화의 왼쪽과 같이 된다.

보안관과 악한이 대치한다. 보안관의 오른손은 총을 잡고 있지만 그 때 악한은 왼쪽 가슴을 누르고 있다. 심장을 관통당해 일순 공포의 표정을 보이고 있는 것이다. 보안관이 총을 쏠 자세를 취할 즈음에는 악한은 피를 흘리며 고통으로 얼굴이 일그러지면서 몸은 평형을 잃는다. 악한은 쿵 쓰러지고 보안관의 총으로부터 탄환이 발사된다.

이상스런 이야기지만 이것이 사실이다.

이 같은 경우에 때때로 다음과 같이 잘못 이해하는 사람이 있는

데, 이것은 주의하지 않으면 안 된다.

초광속 입자의 탄환을 사용하면 현상은 시간을 미래로부터 과거로 거꾸로 될 것이라고.

즉 앞의 만화의 오른쪽같이 마치 영화의 필름을 거꾸로 돌려 보는 것과 같이, 쓰러진 인간의 피가 몸속으로 역류해서, 인간은 처음의 상처 없는 상태로 되돌아간다고 하는 꼴이 된다.

아무리 타키온을 사용해도 이같이 되지는 않는다. 보안관이든 악한이든 그 사람에게만 주목하고 있으면 사건의 순서는 완전히 시간의 진행과 같아 결코 역행할 이유가 없다. 그렇기 때문에 오른쪽 만화처럼은 되지 않는다.

시간의 순서와 인과율

앞에서 그린 178쪽의 그림을 보면서 다시 한 번 사정을 분명히 해두자. 이 그림에서 O점이 보안관의 피스톨 발사를 나타내고, Q점이 악한의 쓰러지는 모습을 나타내고 있다고 생각하면 된다.

탄환은 초광속으로 O에서 Q로 달리는 것이다. 그러니까 직교좌표(정지계)에서는 Q쪽이 O보다도 미래이지만, 사교좌표(관측자가 움직이고 있는 경우)에서는 거꾸로 Q(악한의 행동) 쪽이 먼저이다.

다만 두 사람을 비교하는 것이 아니라, O든 Q든 한 지점에만 주목하는 경우는, 이 점들을 지나는 시간 좌표는(직교좌표−위로 똑

빛보다 빨리 소리가 전해진다면 왼쪽 그림처럼 되며, 오른쪽 그림 같이는 되지 않는다.

바로 진행하는 좌표ㅡ에서도, 사교좌표ㅡ비스듬히 위로 진행하는 좌표ㅡ에서도) 시간의 순서대로 일이 진행되고 있는 것이다.

이와 같이 생각하면 발사 전의 사망이라는 따위의 이상한 이야기가 되기 위해서는 많든 적든 보안관과 악한이 떨어져 있지 않으면 안 된다. 그 떨어진 공간을 타키온이 달림으로써 원인과 결과가 거꾸로 되는 것이다.

음성이 초광속으로 달린다는 것은 기묘한 일이지만, 가령 대장이 외치는 호령이 빛보다 빨리 병사의 귀에 도달한다고 해보자.

그 때에는 적당한 입장에서 이것을 보면 앞 페이지 만화의 왼쪽처럼 우선 병사가 걷고 나서 『앞으로 가!』하는 호령이 들리며 병사가 정지하고 나서 대장은 『제 자리에 서!』하고 외치게 된다.

T 반전과 메타 상대론

앞서 제2장에서 T 반전에 대해 현상은 대칭인가 비대칭인가를 생각해 보았다. 그 결과로,

(1) 소립자의 행동이 미래와 과거를 뒤바꾸었을 때 거기에 뭔가 다른 사태가 일어나는지 어떤지는 직접적으로 증거로 내세울 것은 없다. 다만 K 중간자의 붕괴 등을 보면 자연현상은 과거나 미래와 완전히 같다, 라고도 단언할 수 없는 것 같다. (2)의 상대론적인 시간은 목하 연구 중이며, 그 밖에,

(3) 그러나 많은 입자들로 이루어진 현 세계에서는 입자가 많이

있기는 해도 여하튼 눈으로 보는 세계는 과거에서 미래로 일방적으로 진행하고 있다.

라고 하는 것이었다. (3)에 대한 논의는 통계역학 분야이니 이 책의 말미에서 언급하기로 하자. (1)에서 생각했던 T 반전의 대칭성은 물체가 하나이든 둘이든, 혹은 떨어져 있든 이어져 있든 어찌되었든 시간의 뒤집힘을 문제로 삼았던 것이다.

그러니까 만약 T 반전에 대해 대칭이라면 오른쪽 만화처럼 되지 않으면 안 된다.

병사는 뒤로 걷는 것이다. 대장은 처음에 『제 자리에 서!』를 외치고 나중에 『앞으로 가!』를 명령한다. 즉 영화를 거꾸로 보고 있는 것과 마찬가지가 된다(정확하게 말하면 『제 자리에 서!』도 테이프레코더를 거꾸로 돌리는 것과 같은 발음이 되지 않으면 안 된다).

어쨌든 소립자론에서 문제로 삼는 것은 시간을 완전히 역행할 수 있느냐 없느냐 하는 것이다.

이에 대해 앞 장이나 이번 장에서 생각했던 것은 초광속 입자가 있다면 현상은 어떻게 추이하는가? 하는 메타 상대론의 문제이다.

그 결과 이론적으로는 메타 상대론에서는 왼쪽 만화처럼 되고, 소립자론인 T 반전에서는 오른쪽 만화처럼 일이 진행된다는 것을 생각할 수 있다.

마찬가지로 시간의 역행을 논의하더라도 이 두 가지 연구 방법을 혼동해서는 안 된다.

시간과 인과율

병사가 거꾸로 행진하거나 피스톨을 쏘기 전에 죽어버린다는 거시적 현상(巨視的 現象, 우리의 눈으로 볼 수 있을 정도로 충분히 큰 현상)은 매우 많은 입자(원자・분자 따위)가 모여 행동하는 사건이기 때문에 상당히 큰 확률로 일방적으로(즉 과거로부터 미래를 향해) 추이하고 있는 것이다, 라고 발뺌을 할 수가 있다.

그러나 연구 대상을 소립자 같은 미크로의 세계로 좁히면 이제 그와 같이 발뺌하는 말은 효과가 없다. T 반전에 대해서는 현재도 미지의 세계이지만, 만약 타키온이 존재한다면 원인과 결과가 뒤집어지는 것은 피할 수 없는 운명이다.

메타 상대론이 종래의 것과 비교하여 근본적으로 다른 점은 시간의 반전이 아니라(몇 번이나 이야기하지만, 한 곳을 주목하고 있으면 시간은 결코 반전하지 않는다) 인과율의 역전이다.

어떤 입자 A가 타키온을 방출했다(거시적인 현상으로 번역하면 보안관이 피스톨을 쏘았다). 그래서 타키온이 공간을 달려 다른 입자 B가 이것을 흡수한다.

그러나 로렌츠 변환하면(즉 다른 입장에서 이 현상을 보면) 먼저 입자 B의 타키온 흡수가 일어나고 나중에 그것을 A로부터 방출하는 것이다.

방출이라는 원인이 있음으로써 그 결과로 다른 입자가 흡수한다라고 하는 인과율은 완전히 백지화되어 버리고 만다.

여기서 얘기가 약간 추상적이 되지만, 시간의 경과라는 것과 인과율이라는 것을 나란히 생각해 보기로 하자.

인간은(다른 동물이라도 마찬가지지만) 어머니에게서 태어나 유아에서 소년·청년·장년을 거쳐 노인이 된다. 이것이 역으로 된다면 괴물이 되어버린다.

시간이 흐르니까 인간도 늙어 간다는 것인데, 이 같은 경과는 시간의 추이라고 하기보다는 오히려 인과율이라고 말할 수 있는 것은 아닐까?

유아의 체내에는 조금씩 소년기로 성장해 갈 에너지가 쌓여 간다. 유아기는 소년으로 가는 단순한 과정이 아니라, 소년기로 이행하기 위한 큰 준비이다. 유아라는 복잡한 생리 과정을 충분히 정돈하고 나서야말로 소년이 될 수 있다는 의미인 것이다. 이러한 의미에서는 유아가 원인이고 소년이 그 결과라고 말할 수 있다.

마찬가지로 소년은 청년으로 가는 기본적인 원인이고 또한 청년은 장년으로 가는 원인이라고 말할 수 있다.

인간이 슬픔에 처했을 때,

『그것은 시간이 해결해 줄 것이다.』

라고 한다. 또 좋은 일이든 나쁜 예상이든 상당한 확률로 진망할 수 있을 때,

『이제 시간문제다.』

라고 표현한다.

이 말들을 곧이곧대로 해석하면, 단지 시간만 지나면 일이 진행될 것 같은 기분이 들지만, 실제로는 그렇게 간단하게 끝나지 않는다.

잊는다는 단순하게 생각되는 현상 하나를 생각해 보아도 뇌세포의 얼마간의 변화라든가, 그 밖의 여러 가지 외적인 자극이라든가 사소하기는 하지만 작은 원인이 쌓이고 쌓여 잊는다는 결과를 가져오는 것임에 틀림없다.

하루라든가 1년이라는 시간의 경과도, 태양과 지구와의 사이의 만유인력이라든가, 현재의 자전이나 공전의 속도가 원인이 되어 내일이나 1년 후의 결과를 초래한다.

삼라만상(森羅萬象), 모든 것은 인과율에 의한 것이다. 아무리 사소한 일이라도 복잡한 과거의 결과이기도 하고 먼 장래의 요인이 되기도 한다.

인간에게 있어서 뜻대로 되는 것은 『현재』라는 시점뿐이다. 이러한 의미에서 과거에도 미래에도 작용할 수는 없다. 그러나 이 양자(兩者)에 대한 감각은 아주 다르다. 과거는 기억 속에 존재하는 추억이고, 미래는 가능성을 감춘 희망이다.

흔히 언변이 좋은 사람이라는 것은,

　　　　노인에게는 그 과거를……

　　　　　젊은이에게는 그 미래를……

이야기하는 것이라고 말들을 한다. 지난날의 여러 가지 체험들이 노인의 현재를 만들고, 현재를 노력하며 사는 청년은 마침내 커다란 성과를 기대할 수 있다는 것일까?

여하튼 사람의 생애도 원인과 결과의 유대로 시간의 경과를 의식하고 있는 듯하다.

이렇게 생각해 가면 시간이라는 주된 요소가 우선 존재하고, 그 때문에 인과율이라는 법칙이 따르는 형태로 반드시 일어나고 있다라고 말할 수만은 없는 듯한 기분이 든다.

인과율 그 자체가 시간의 경과인 것이라는 생각도 가능할 것 같다. 인과율은 흐트러져도 자연계의 근본인 시간 쪽은 엄연히 절서를 유지한다고 끝내어서는 안 될 것 같다.

이러한 의미로 타키온의 존재는 인과율, 즉 시간을 근본부터 재검토하지 않으면 안 되는 지경으로 몰아넣어 가는 것이다.

PART 5. 초광속 현상을 둘러싸고

초로인생, 소녀여 사랑하라.
　검은 머리 흰 머리 되기 전에
마음의 불꽃 꺼지기 전에
　오늘은 다시 오지 않는 것을.
　　　　　　－ 요시이이사무(吉井勇)

타임머신을 만들기 위해서는

여기에서 재차 타임머신에 대해 생각해 보자.

타임머신은 한 사람 또는 겨우 몇 명의 인간만을 과거나 미래로 이동시키는 기계이다. 세상 전체가 과거로 돌아간다면 타임머신이 될 수 없다.

타임머신이 되지 않아도 좋으니까 세상의 모든 시간이 역전하는 일이 있을 수 있는가 하고 묻는다면 현실을 똑바로 보라고 밖에는 이야기할 수 없을 것 같다.

한 달 정도 전부터 시간은 거꾸로 돌아가기 시작했다고 입으로만 외치는 것이라면 간단하다. 그러나 인간은 역시 성장하고 있고, 태양은 여전히 동쪽에서 떠오른다. 그러니까 한 달 전부터는, 시간은 역행하기 시작했지만 그와 동시에 지구를 시초로 모든 천체의 행동, 또는 모든 생물의 성장 등 전부가 반대 방향으로 움직이기 시작했다고 하지 않으면 안 된다.

그러나 이걸로는 아무것도 되지 않는다. 말장난을 하는 데 지나지 않는다. 이론적으로는 몇 번이고 말하지만, 시간의 반전으로 현상이 대칭이 되느냐 아니냐는 불확실하다.

그렇다면 시간의 신비성(神秘性), 나아가서는 타임머신을 상상하기 위해서는 아무래도 타키온에 의지하지 않고는 방법이 없는 것 같다.

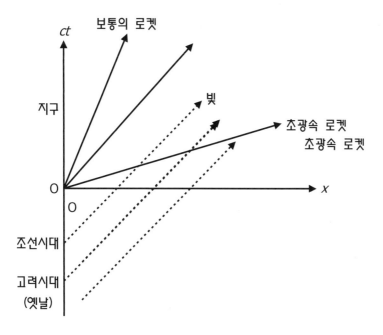

ct

보통의 로켓

지구

빛

초광속 로켓
초광속 로켓

O

O

x

조선시대

고려시대
(옛날)

보통의 로켓으로는 고려시대나 조선시대로부터 나온 빛에 결코 도달할 수
가 없지만, 초광속 로켓으로는 과거를 볼 수가 있다.

초광속에 관한 이야기가 나오면 곧잘 다음과 같은 말들을 한다.
가령 초광속 로켓이 만들어져 우리들이 그것에 승선했다고 하자.
로켓은 빛보다 빠르게 지구로부터 부쩍부쩍 멀어져 간다. 옛날 지
구로부터 나온 빛을 따라잡는 것이 된다. 그렇게 하여 로켓의 후방
에 뒤쪽을 향한(즉 지구 쪽을 향하고 있는) 매우 정교한 망원경을
장착한다. 이 망원경을 들여다보면 우리들은 지구에서 일어나는 사
건을 거꾸로 밟아가며 관측하는 셈이 된다.

이 이야기 뒤에, 그러니까 초광속 로켓 따위는 없다고 하는가,
또는 이것이 타임머신이라고 생각하는가는 말하는 사람에 따라 제

각각이지만, 여하튼 이상의 사실에 거짓은 없다. x와 t의 그래프를 그려 보면 잘 알 수가 있다. 로켓은 천 년 전(우리나라의 고려시대)의 빛, 5백 년 전(조선시대)의 빛, 나아가서는 5천 년 전(단군시대)에 나온 빛과 조우하는 것이다.

초광속 로켓을 이용하면 어떨까?

소설 속의 타임머신에 과학적인 근거 따위를 이야기하는 것은 번지수가 다른지도 모르지만, 이 초광속 로켓은 두 가지 이유로 타임머신은 될 수 없다고 필자는 생각한다.

우선 빛보다 빨리 달리는 것은 타키온이 아니면 안 된다. 가령 타키온이라는 입자가 존재한다고 하고, 그 입자를 이용하여 로켓을 만든다. 실제로는 있을 수 없는 일이겠지만, 이치상으로는 너그럽게 이해하여 이것을 인정하기로 하자.

그러나 초광속으로 달린다면 로켓 내부의 인간도 타키온이 아니면 안 되는 것이다.

앞의 E와 p의 그래프에서도 알 수 있듯이, 타르디온과 타키온은 별개의 쌍곡선을 그리며 결코 교차하는 일이 없다. 즉 타키온은 철두철미 타르디온이고, 이것에 어떠한 세공을 가해도 타키온은 되지 않는다.

한편 타키온은 태어나면서부터 타키온이고, 타키온과 타르디온과는 사이에 룩손이 끼어 완전히 이질적인 것이며, 한쪽에서 다른

쪽으로 변환하는 것은 불가능한 것이다.

이 같은 이유로 우리 인간이 초광속으로 난다는 것은—설령 어떤 종류의 로켓을 사용하더라도—불가능한 이야기인 것이다(인간의 신체는 타르디온이니까).

이제 한 가지 섭섭한 것은, 만약 초광속 로켓을 타고 망원경으로 과거를 본다고 해도 그것은 시간적으로나 공간적으로나 멀리 떨어진 고려시대나 조선시대를 들여다보는 데 지나지 않는다는 것이다. 이것은 그림에서도 곧 알 수 있을 것이다.

고려시대이든 조선시대이든 그 시공점에 가지 않으면 타임머신이라고는 말할 수가 없다. 45광년이나 멀리 떨어져 고려시대가 이렇다 저렇다 해도 이것은 단순한 관측일 뿐이지, 이쪽에서 당시의 사람으로 활동하는 것은 불가능하다. 어쨌든 역사로서 과거의 정확한 사실을 알면 좋은 것이라고 한다면 이야기는 별개이지만.

그렇기 때문에 타임머신을 구상할 경우에 단순히 초광속으로 달리는 것만으로는(설사 그것이 가능하다고 해도) 결코 충분하다고는 할 수 없다.

역시 왕복운동이 필요

타임머신으로 과거나 미래에 간다고 해도 그 장소는 어디까지나 지구상에서의 이야기이기 때문에 초광속 기계를 사용한다고 해도 지구에서 멀리 떨어진 지점까지 간다면 반드시 돌아오지 않으면 안 된다.

결국 지구상에서의 과거나 미래 속으로 날아갈 수 있는 것은 타
키온이라는 입자(또는 이 입자들로 구성된 것)로 한정된 것이고,
기계장치로서는 『시간의 망원경』이라고 기술한 방법이 유일할 것
이다. 이것을 한번 정확한 그래프로 그려 보면 다음과 같이 된다.

O점을 지구상에서의 어떤 시각이라고 생각하자. 이곳에서부터
타키온이 초광속으로 달려가 먼 저편의 Q라는 시공점에 도달한다.

즉시 Q점으로부터 타키온은 지구를 향해 돌아온다는 것인데, 돌
아오는 타키온을 움직이고 있는 좌표계로부터 바라본다고 하자.

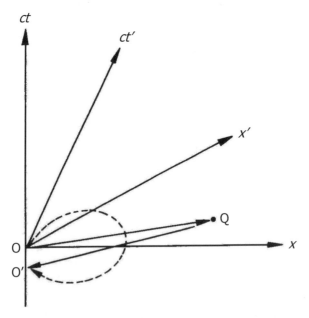

타키온의 왕복. 직선형의 왕복과 점선 같은 곡선형의 왕복을
생각할 수 있지만…….

그렇게 하면 *ct*축을 따라 생각할 때 Q점보다 O'쪽이 미래이니까 타키온은 무사히 O'에 도착한다. 결국 O에서 출발했던 것이 O'로 돌아왔다는 것이 『시간의 망원경』에서 기술한 시간 역행의 방법이다.

어쨌든 이야깃거리로서 생각하는 것이라면 차라리 타키온으로 만든 인간을 가정해 버리는 게 어떨까? 그는 과거의 세계로 돌아갈 수 있다. 타키온의 속도나 Q점의 위치를 적당히 조절하기만 하면 고려시대이든 조선시대이든 가 보고 싶은 연대에 갈 수 있을 것이다.

굳이 타임머신을 꾸며낸다면 이 같은 생각을 할 수밖에 없다. 어쩐지 속는 듯한 느낌이 드는 이야기이지만, 타임머신이 아니라 타키온이라는 입자를 과거로 보낸다는 현상은 물리학자들 사이에서도 실제로 논의되고 있는 것이다. 다만 그 논의 방법이 문제이지만. 만약 타키온이 존재한다면 이 같은 입자는 과거로 달려가 버린다, 그렇기 때문에 타키온 따위의 물질은 없는 것이 아닐까? 라는 형태로 문제가 제기되고 있다.

여하튼 타키온 따위의 물질을 거론함으로써 기묘한 결과를 진지하게 생각하지 않으면 안 될 입장이 되어버렸다.

타키온제(製) 인간

인간이 과거로 가기 위해서는 그 인간 자신이 타키온이 아니어서는 안 된다. 그것 자체는 눈감아준다 해도 타임머신 이야기에서는 여러 가지 의미에서 무리가 따른다.

가령 그가 과거의 O'점에 간신히 도달할 수 있다고 해도 그는 항상 초광속으로 달리고 있지 않으면 안 된다. 수십 세기를 거슬러 올라가 삼국시대의 도시에 나타났다고 가정해도 김유신 장군에게 기관총을 빌려주고(그 기관총도 타키온제일 것이다) 그 조작법을 가르치거나, 백제의 의자왕과 인터뷰를 하여 그 심경을 듣는다는 것은 어쩐지 미덥지가 않다. 갈 길이 바쁜 그에게는 그렇게 유유자적하며 다른 사람과 만날 틈은 없을 것이다.

그것보다 더욱 곤란한 것은 Q라는 시공점에서의 반환이다. 그래프는 O에서 방출된 타키온이 Q에서 통상의 입자(타르디온)에 흡수되는 것을 나타내는 것이다.

타키온이 그 형태대로 Q점에서 돌아오는 것은 불가능하다. 그대로 돌아오려면 한 번은 속도가 작아져 일순 정지한 후 재차 반대쪽을 향하여 달리지 않으면 안 되는데, 그는 광속 이하로 속도를 떨어뜨릴 수는 없는 것이다. 그러니까 그의 몸은 어떤 기계에 흡수되어 재차 새로이 개조되어 지구를 향해 방출되는 꼴이 된다. 다시 제조된 그의 몸이 원래의 그와 같을지 어떨지 이 점도 상당히 의심스럽다.

그러면 되돌아오는 것은 그만두고 앞의 그래프 중 O점에서 출발하여 O'에 이르는 적당한 곡선(이를테면, 그림의 점선처럼)을 그리며 돌아오면 되지 않을까 하고 말할지도 모른다. 그러나 이것도

타키온제 인간!

불가능하다.

어떤 식으로 곡선을 만들어 보아도 어딘가에 반드시 경사가 45°
이상인 지점이 생겨버린다. 즉 초광속의 부분과 저광속의 장소(45°
이상의 지점)를 섞어주지 않으면 O에서 O'로는 갈 수가 없다.

메타 상대론에서는 타키온과 타르디온의 변환은 금지되어 있다.
과거로 가기 위해서는 아무래도 한 번은 인간(물론 타키온으로 제
조된 인간) 이외의 것으로 변화하지 않으면 안 된다.

보다 보편적인 상대론으로

과거로 가는 이야기만을 생각해 왔는데, 타임머신은 미래에로의
여행도 화제로 삼고 있다. 인간은 미래로 갈 수는 없는 것일까?

이것은 타키온 같은 것을 끄집어내지 않더라도 종래의 상대론으
로 이론적으로는 가능하다.

상당히 빠른(광속보다 약간 늦은) 로켓을 만들어 그것을 타고 우
주여행을 하면 된다. 원(圓)운동을 하든 U턴을 포함한 직선 코스이
든, 여하튼 크나큰 가속이 없으면 지구로 돌아올 수 없다(인간이
그런 큰 가속에 견딜 수 있을까 하는 문제는 별개로 한다).

아인슈타인의 일반상대론에 의하면 로켓이 가속하는 경우, 로켓
내의 시간 경과는 늦지만 지구상에서는 이와 비교하여 상당히 빠른
속도로 시간이 경과한다는 것이다.

그러니까 우주 여행자 자신은 1년밖에 시간이 지나지 않았지만,

지구에서는 10년이나 20년이라는 세월이 경과한다.

이상은 가속계(로켓)와 타성계(惰性系, 지구) 간의 시계(時計)의 패러독스라고 불리며 많은 사람들에 의해 상대론의 바른 결론이라고 생각되고 있는데, 이것을 이용해서 하는 것이다.

우주여행에서는 지구상의 사람 쪽이 정상적인 생활을 하고 여행자 쪽이 특수 환경인 것은 아닌가. 그러니까 타임머신이라고는 말할 수 없다고 반발하는 사람도 있겠지만, 요는 한 사람 혹은 몇 사람이 미래로 가기만 하면 그것이 타임머신이라는 것이 아닐까?

이러한 의미에서 광속에 가까운 로켓은 멋진 타임머신이다. 인간도 기계도 타키온은 고사하고 룩시온이 될 필요도 없다. 광속에 충분히 근접하면 원하는 만큼 머나먼 미래의 지구에 도착할 수가 있는 것이다. 무리하게 타키온을 생각하는 것보다 이 이야기 쪽이 훨씬 이치에 부합하는 듯한 기분이 든다.

다만 유감스러운 것은 이 타임머신은 (시간에 대해서) 되돌아올 수는 없다는 것이다. 무심결에 서기 3000년의 지구에 갔다면 2000년이나 2500년의 지구상의 일은 완전히 무시하지 않으면 안 된다.

서기 3000년에 인류가 아직 지상에 있을지 어떨지 보증이 있는 것은 아니다. 그렇다면 가령 이 같은 로켓이 만들어졌다고 해도 답승을 지원하는 것은 생각해 볼 일이다.

일찍이 인류가 번영했던 지표(地表)로 내려와 폐허가 된 구석구석의 모습을 눈으로 보고 망연자실하여, 온 정성을 다하여 만든 타임머신을 이용한 결과는 이것인가 하고 한탄해도 소 잃고 외양간 고치기이다.

소립자 영역에서 힘의 전달은 초광속인가?

여기서 이야기를 출발점으로 되돌려 물리학에서 왜 타키온 같은 것을 문제 삼기 시작했는지를 생각해 보자.

타키온의 유래는 특수상대론의 확장, 즉 생각할 수 있는 것은 모두 물리학의 대상으로서 취급하지 않으면 안 된다는 정신으로부터 도입되었다는 것을 <PART 3>에서 기술했다.

이것도 확실히 커다란 이유 가운데 하나지만, 이것과는 별개로 소립자론이[정확히는 장(場)의 이론이라 하는 편이 좋을지도 모르겠다] 연관되어 있는 본질적인 모순의 해결책으로서 초광속 입자라는 것이 클로즈업되고 있는 것이다.

물질을 궁극의 요소로까지 나누어 갈 때 소립자에 도달하지만 (더욱이 그 소립자를 구성하고 있는 요소로서 쿼크라는 것을 생각할 수 있다는 것은 제2장에서 기술했다), 그 소립자가 행동하는 여러 가지 현상에 양자역학을 적용시키면 각양각색의 양(量)이 무한대가 되어버리는 것이다.

예를 들면 e 라는 같은 종류의 전기를 가진 두 개의 구슬이 r 만큼 떨어져 있을 때 그 사이에는 e^2/r^2 이라는 척력이 작용해 이때의 위치에너지는 e^2/r 이 된다. 그리고 두 개의 구슬이 완전히 붙으면

r은 제로가 되고 에너지는 무한대가 되어버린다.

그리고 하나의 전자를 생각해 보면 이것은 $e/2$의 전기가 두 개(e는 이 경우 마이너스이다) 또는 $e/3$의 전기가 세 개 모여 있다고 생각해도 좋다. 따라서 전자가 공간의 한 점에 있는 한 그 에너지는 이론상 무한대가 되지 않을 수 없다.

또 진공 속을 광자가 달릴 때 광자는 전자와 양전자를 만든다. 이 두 가지 물질은 재차 충돌하여 광자로 되돌아간다.

공간에서 플러스 전기와 마이너스 전기가 떨어져 있을 경우 이것을 편극(偏極)되어 있다고 하는데(콘덴서 안의 물질 같은 것이 그 좋은 예이다), 광자는 음·양 두 개의 전자를 제멋대로 만들었다가는 부수고, 만들었다가는 부수고 하는 결과 진공의 편극하는 정도는 무한대가 되어버린다.

로셸 염(鹽)이라든가 치탄산(酸) 바리움 또는 물 따위의 분자는 플러스와 마이너스 전기의 장소가 어긋나 있어 전장(電場) 속에서는 크게 편극하지만, 양자역학을 착실히 계산해 가면 물질의 이야기가 아니라 진공의 편극이 무한대가 된다. 어찌 됐든 곤란한 문제다.

소립자론의 고민거리

전자(電子)를 점으로 간주하면 그 에너지가 무한대가 되어버리는 것은 아닐까? 유한대 크기의 구슬처럼 생각하면 무한대의 고민은 피할 수 있을 것이라고 생각할지도 모른다. 확실히 그대로지만, 현재의 양자역학은 자기 자신의 에너지를 계산하는 것과 같은 경우에는 이것을 점으로 생각하지 않으면 안 되게 만들어져 있는 것이다.

양자역학에서는 상호작용은[전자의 자기(自己) 에너지 계산도 넓은 의미에서 상호작용이다] 한 점에서 행해지도록 되어 있다.

고전물리학에서는 전장(電場) E라든가, 온도 T 등 모든 물리량(物理量)은 공간과 시간의 함수로서 $E(x, y, z, t)$나 $T(x, y, z, t)$로 쓰인다. 양자역학에서도 마찬가지로, 상태(그것이 전자를 나타내든 광자를 의미하든)라는 것은 $\psi(x, y, z, t)$처럼 역시 시간과 공간의 함수로서 식으로 쓰이게 된다.

시간과 공간의 함수라는 것은 공간 속의 점과 시간의 경과 속에서의 한 점(즉 시각)을 지정해 그 점에서 에너지가 이러저러하게 된다는 표현법을 사용하며 결국 상호작용을 점(퍼지지 않고 완전한 점, 즉 x, y, z, t로 표시되는 한 점)으로써 행해지고 있다는 기술법을 사용하고 있는 것이다.

양자역학에 의지하는 이상 이같은 방식에서 벗어날 수는 없다. 그러니까 에너지라든가 진공편극(眞空偏極)은 무한대가 되어버린다.

유카와 박사의 원

일본의 유카와 히데키(湯川秀樹)는 이같이 상호작용을 점으로

밖에 기술하지 못하는 물리학에 일찍이 의심을 가지고 있었던 듯하다. 4차원 시공간의 점으로부터 유한대 크기의 것으로……하는 생각으로 젊은 시절부터 열심히 흑판에 원을 그리며 생각했었다는 것이다.

흑판의 세로는 시간축, 가로는 공간축이며 결국 원은 4차원의 시공간에서의 타원체(초타원체)를 의미하는 것으로 물리현상은 이 원을 기초로 실시된다는 의미일까?

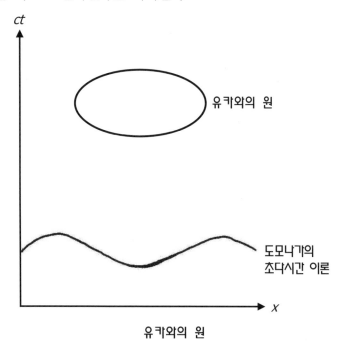

유카와의 원

후에 도모나가 신이치로(朝永振一郎)는 밍코프스키 공간(4차원의 시공간)에 원이 아닌 곡면을 설정하여 방정식은 이 곡면 위에서 기술한다는 초다시간(超多時間) 이론을 발표했다(그 이전에는 시간축에 수직인 초평면 안에서 식을 만들었었다). 이것에 의해 전자의 질량과 전하(電荷) 이외의 모든 무한대의 양은 깨끗이 정리되어 버린다.

도모나가의 곡면은 어느 부분을 취해도 그 기울기가 45°보다 작다. 이것은 타르디온과 룩손만을 생각하고 한(즉 종래의 상대론 테두리 안에서) 곡면 속의 어떠한 두 점을 취하더라도 그 두 점 사이의 원인과 결과의 관계는 존재하지 않는다(즉 서로 주고받는 신호가 없다).

이같이 하면 소립자의 세계에서는 인과율은 그대로 불편 없이 성립하고, 그렇기 때문에 지금까지의 양자역학이 모순 없이 통용되는 것이다.

초다시간이론에 의해 무한대는 잘 정돈되었다고 하지만, 역시 질량과 전하는 여전히 미해결인 채로 남아 있다. 좀 더 근본적인 치료법은 없는 것일까?

양자역학 창설자의 한 사람인 하이젠베르크는 마이너스 확률이라는 개념을 도입하여 이것을 처리하고자 했던 일이 있다. 사실 이렇게라도 하지 않으면 무한대의 모순은 어떻게 할 도리가 없는 것이다.

마이너스의 확률이란 도대체 어떤 것일까? 게다가 입자가 존재할 확률이 제로(제로라는 것은 전혀 없다는 것)보다도 더 작다고는……

양자전자역학(量子電磁力學)을 수식으로 다루는 경우, 마이너스의 확률은 어느 정도 도움이 되었지만, 이 개념이 일반화되어 소립자론 안에 잘 도입시킬 수 있느냐 하는 것은 좀 의심스럽다.

비국소장(非局所場) 이론과 소영역(素領域)

극미(極微)의 세계에서 모순이 포함되지 않는 이론을 만들기 위해서는 아무래도 종래의 양자론 또는 상대론의 어느 것인가를 수정하지 않으면 안 될 것 같다. 그것도 식(즉 쓰인 수학의 식)의 변경이라기보다는 오히려 사고방식을 바꾸지 않으면 안 된다.

그리고 로렌츠 변환(관측의 입장을 바꾸면 대상이 달라져 보이는 것)에 대해서는 물리적 사실은 불변이어야 한다. 그러면 작은 세계에서의 인과율은 정말로 올바른 것인가, 또는 작용의 전달이 초광속에서 일어나는 일은 없는가 하는 점에 메스를 가하지 않을 수 없게 된다. 유카와가 일찍부터 생각했었던 원의 이론으로 이야기는 되돌아간다.

그 후 유카와는 원의 사고방식을 발전시켜 상호작용은 시공간 내의 점이 아니라 확장된 범위에서 행해진다는 이론을 제안했다. 이것을 비국소장 이론(theory of non-local fields)이라고 한다.

더욱이 이 이론을 검토하여 그것의 배경(또는 무대라고 하는 편이 이해하기 쉽다)인 시간이라든가 공간이라는 것이 지금까지 생각되어 온 연속적인 것이 아니라 최종적인 요소(즉 유한의 크기)를 가지고 있는 것은 아닌가 하는 식으로 이야기는 발전해 가는 것이다. 연속이 아니라 띄엄띄엄한 시공간을 생각해 이것을 소영역이라고 한다.

그러니까 입자끼리의 상호작용도 이 띄엄띄엄한(즉 점이 아닌 어떤 크기) 영역에서 이루어져 그 영역 안에서는 반드시 종래의 상대론에 구애받지 않으며, 따라서 인과율에도 속박당하지 않는다는 식으로 생각하면 어떨까 하는 것이다.

비국소장의 이론이든 소영역의 문제이든, 지금까지의 양자역학과 달리 수식으로 정리하는 것은 상당히 어려운 일일 것이다. 모든 것은 앞으로의 연구를 기다려야 할 문제이다.

여기에서도 등장하는 타키온

점으로 생각해 형편이 안 좋다면 점차 영역을 넓혀라, 하고 말할지도 모르지만, 좀처럼 그 말대로 할 수 없다는 데 어려움이 있는 것이다. 비국소장의 이론이 되면 시공간 내에서의 원을 생각하지 않을 수 없는데, 이렇게 되면 물리학의 모든 문제는 종래의 상대론만으로는 해결할 수가 없는 것이다.

소립자론에서 문제가 되는 것은 $10^{-13} \sim 10^{-14}$cm(1cm의 10조분의 1에서 100조분의 1 정도)의 좁은 영역인데, 이 정도의 범위에서는, 예를 들면 오른쪽에서 온 신호(작용)가 곧 왼쪽에 전달된다는 것을 고려해 주지 않으면 안 되게 된다. 전달의 빠르기는 초광속인 것이다. 필연적으로 타키온을 생각해 주지 않으면 안 된다.

마음먹고 타키온을 인정하면, 되풀이하여 기술해 왔듯이 인과율이 깨져 버린다. 결과가 원인보다 앞서는 일도 일어나게 된다. 극미의 세계에서 타임머신이 나타나 버리는 것이다.

인과율이라는 것은 우리들이 눈으로 보고 귀로 들을 수 있는 큰 (거시적인) 세계에 존재하는 것이지 소립자 같은 작은 세계, 즉 100조 분의 1센티미터라든가, 이 거리를 빛이 통과할 정도의 짧은 시간(1초의 1조 분의 1 또는 10조 분의 1 정도)에 대해서는 원인과 결과의 관계는 이미 성립하지 않는 것은 아닐까?.

있을 법한 이야기다. 사실 소립자를 연구하고 있는 사람들 중에는 이 선(線)을 따라 이론을 전개하려고 노력하는 이론가가 꽤 있다. 궁극의 세계에서는 원인으로부터 결과로라는 당연하다고 생각되는 상식조차도 부정하지 않으면 안 된다. 그러나 이 사고방식에도 치명상이라고도 생각할 수 있는 결함이 내재되어 있다.

대상을 바라볼 때 정지해 보느냐 달리면서 관측하느냐에 의해 현상은 달라진다. 이른바 로렌츠 변환이라고 불리는 것이다. 예를 들면, 지구와 어떤 별과의 거리가 천 광년이라고 해도 광속의 99.9퍼센트로 달리는 관측자에게 대해서는 45광년밖에 되지 않는다. 시간의 경과도 20배나 차이가 나는 것이다.

이처럼 길이라든가 시간이라는 것은 결코 절대적인 것이 아니다. 그것을 측정하는 입장에 의해 달라진다. 좁은 영역에서는 짧은 시간 내에서는 인과관계는 무너져도 좋다고 한다 해도, 좁다든가 짧다는 말이 확정적인 의미를 갖지 못하는 것이다.

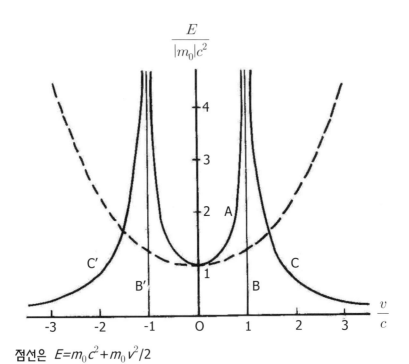

점선은 $E = m_0 c^2 + m_0 v^2 / 2$

입자의 에너지와 속도의 관계. A가 타르디온, B 및 B'가 룩손, C 및 C'가 타키온이다. 점선은 고전입자.

다른 입장으로부터 사물을 바라보는 것이 가능한 이상(즉 이론을 로렌츠 변환하여 다른 좌표계로부터 식을 세워 준다는 것이 가능한 이상) 작은 범위에서의 인과율의 붕괴는 그대로 큰 영역에서의 인과율의 부정으로 연결되어 버리는 것이다.

이와 같은 이유로 작용을 유한의 범위로 넓혀 초광속의 전파를 인정하는 것은 일조일석에 해결되지 않는 어려운 문제인 것 같다.

타키온의 에너지와 운동량

아무리 이론을 늘어놓아도 이론은 어디까지나 이론이고, 어떠한 것이라도 실제로 눈으로 보지 않는 이상 가공의 이야기로 끝나버린다.

타키온을 만약 발견할 수 있다면 백 가지의 의문이 단숨에 해결된다고 해도 좋다. 타키온은 타르디온이나 룩손과는 전혀 다른 것이기 때문에 이것을 직접 측정기로 측정하는 것은 극히 어려운 일일 것이다.

시험 삼아 세 종류의 입자의 에너지(단지 플러스의 부분)와 속도의 관계를 그리면 다음 페이지의 그림처럼 된다.

룩손은 B 및 B'로 속도는 일정하다. A는 타르디온이고 점선은 비상대론의 근사(近似)를 나타낸다.

C와 C'가 타키온의 곡선이고 광속에 가까울수록(즉 늦어질수록) 에너지는 커지고 빠를수록 에너지는 작다.

또 195쪽의 그림은 운동량과 속도의 관계를 그린 것이다. B와 B'는 룩손이고 A가 타르디온이다. 질량을 일정하게 하면(즉 비상대론에서는) 점선처럼 된다.

C와 C'가 타키온이고 속도가 커짐에 따라 운동량은 일정치에 가까워지는 것을 곧 알 수 있다.

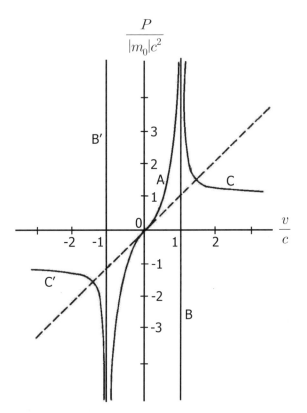

입자의 운동량과 속도의 관계. A가 타르디온, B와 B′가 룩손, C와 C′가 타키온이다. 점선은 고전입자.

이처럼 통상의 입자와는 전혀 이질적인 것이기 때문에 타키온의 검출을 위해서는 더욱 더 연구하지 않으면 안 된다.

거북이 열차

불과 몇 십 년 전만 해도 열차는 상당히 늦었었다.

지금은 시속 300km를 훌쩍 초과하는 고속열차도 달리고 있지만, 당시 열차의 늦은 속도는 예를 들면, 불현듯 용변을 보고 싶을 때 진행 중인 열차에서 뛰어내려 볼일을 보고 다시 뛰어가 열차에 올라탄다는 아슬아슬한 장면도 가능했었다고 말들을 한다(다만 그다지 신빙성 있는 이야기는 아니다).

어쨌든 만약 그런 아슬아슬한 장면이 가능하다면, 그것을 위한 필요조건은 인간이 달리는 속도가 열차보다 빨라야 한다는 것이다. 열차 쪽이 빠르면 인간은 선로 옆에 남겨지게 되어버린다.

묘한 이야기가 되어버렸지만, 체렌코프 효과라는 물리학에서 중요한 현상을 설명하고 싶어 인용한 것이다.

러시아의 물리학자 체렌코프(Pavel Alekseyevich Cherenkov)는 앞으로 기술할 현상의 발견에 의해 1958년에 노벨상을 수상했다.

체렌코프 효과

전기를 띤 물체 주위의 공간은 전장(電場)이 된다. 따라서 전자의 주위도 전장이다. 전장이라는 것은 소립자론의 입장에서 말하자면, 거기에 광자가 달리고 있다는 것이다. 전자로부터는 광자가 방출되었다가는 흡수되는 과정이 되풀이된다.

이처럼 실험 장치로 붙잡히지 않는 광자를 버츄얼(virtual, 가상의) 광자라고 부른다.

전자(電子)의 자기(自己) 에너지가 무한대가 되는 것은 정확히는 이 같은 조합으로부터 결론지어지는데, 그것은 어떻든 설사 전자가 달리고 있어도 아래 그림의 오른쪽처럼 전자는 광자를 방출하고 그것을 다시 흡수해 버린다. 이처럼 그림에서는 실선이 전자이고 점선이 광자를 나타내는 것으로 되어 있다.

광자가 전자보다 빠르면 『거북이 열차』의 예와 마찬가지로 그림 왼쪽이 되지만, 전자 쪽이 빠르면 광자는 따돌림을 당해 버린다.

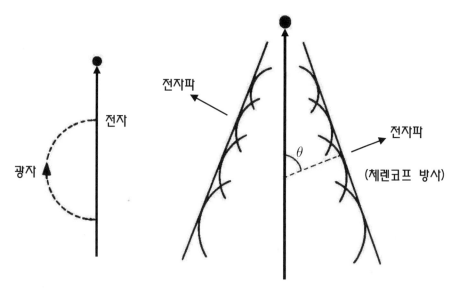

전자가 광자보다 늦은 경우(좌)와 빠른 경우(우)의 광자의 방출, 흡수작용.

광자가 전자보다 늦는 일이 있을 수 있는가? 그렇지 않으면 타키온의 이야기를 하고 있는 것인가 하고 빈정거리지는 말라. 보통의 경우에도 빛보다 빠른 하전입자(荷電粒子)는 존재하는 것이다.

그런 것은 어디에 있는가?

유리나 물에는 굴절률이라는 것이 있어서 1.4라든지 1.3 등의 값이 되는 것은 잘 알려져 있다. 이처럼 매질(媒質) 속에서 빛은(즉 광자는) 진공 속의 속도를 1.4나 1.3으로 나눈 값으로 달리는 것이다. 그리고 매질 속에서 이것보다도 빨리 하전입자를 달리게 하는 것은 가능하다.

위의 그림은 그 같은 매질 안에서 하전입자를 달리게 한 경우이며, 고속으로 나아가는 배가 만드는 물결처럼 전자파가 방출된다. 전자파는 광자이고 그 방출의 방향은 하전입자가 빠를수록 그 진행 방향과 큰 각도(그림의 θ)를 만든다.

이상이 체렌코프 효과이며, 방사된(혹은 남겨진) 광자의 사출 각도로부터 매질 속을 달리는 하전입자의 속도를 추정할 수 있는 것이다.

이 체렌코프 효과를 이용해 타키온의 존재를 확인하려고 한다는 것이다. 다만 이번에는 유리나 물 같은 매질이 아니라 진공 속을 달리게 해보자. 빛보다도 빠른 하전 타키온이, 자신보다 늦은 광자를 방출하면 체렌코프 효과를 볼 수 있음에 틀림없다.

프린스턴 대학에서의 실험

1968년 미국의 프린스턴 대학에서 T. 앨버거와 M. N. 크라이슬러에 의해 하전 타키온의 측정이 시도되었다.

우선 납으로 된 용기 속에 방사능을 가진 세슘(cesium, 원소기호 Cs)을 넣으면 이것으로부터 강한 감마선이 방사된다. 이것이 납 용기의 가장자리에 플러스 전하를 가진 타키온(t^+)과 마이너스 타키온(t^-)을 발생시킨다고 생각한다. 필시 한쪽의 타키온은 다음의 납 벽에서 차단당할 것이다.

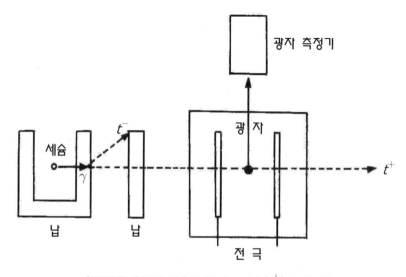

체렌코프 효과를 이용한 하전 타키온(t^+) 검출장치

이렇게 하여 살아남은 타키온은 진공상자로 돌입해 전극간(電極間)의 전장(戰場)에서 에너지를 증가시킨다. 그 결과 체렌코프 방사가 일어나 광자 검출계로 빛을 확인할 수 있게 되는 것이다.

실로 섬세한 세공이고 멋진 구상이라고 생각되지만, 유감스럽게도 현재 체렌코프 효과에 의해 전공으로부터 빛이 방출되었다는 징후는 나타나지 않고 있다.

콜롬비아 대학에서의 실험

소립자의 발견에는 초기에는 안개상자(cloud chamber)가 사용되었지만, 후에 거품상자(bubble chamber) 쪽이 많이 이용되게 되었다.

거품상자의 원리는 상자 안의 액체를 고온으로 하여 끓지 않을 정도로 큰 압력을 걸어둔다. 안개상자의 경우와 마찬가지로 재빨리 이 압력을 제거하면 액체는 매우 불안정한 과열상태가 되고 여기를 하전입자가 통과하면 거품의 비적(飛跡)을 남기게 된다.

이 거품은 순간적으로 만들어져 거의 100만 분의 1초 정도의 시간으로 생장하는 것으로, 사진 건판에 비친 거품의 상태에서 그 이름(若)과 낡음(古)도 추정되어 안개상자의 실험과 비교할 때 이점이 많다.

그리고 타키온이 제조되기 위해 가장 유력한 소립자의 반응은 양자와 마이너스 전기를 가진 K 중간자의 충돌이라고 생각되고 있다(모두에서의 이야기처럼 신문사의 팩시밀리 전파발신기 같은 것에서는 도저히 타키온 같은 입자는 나올 수 없을 테니까. 다짐해 두기 위해). 이 경우에 람다 입자가 생기는데, 그 밖에 타키온이 만들어지지 않을까 하고 짐작할 수 있다.

람다 입자(Λ-particle)라는 것은 질량이 전자의 2천 배 정도이고 (양자나 중성자보다도 크다), 전기는 가지고 있지 않다. 그러니까 람다 입자를 거품상자 속에서 직접 확인하는 것은 불가능하지만, 이것은 1초의 100억분의 1 정도의 수명으로 양자와 마이너스 전기를 가진 파이 중간자로 부서지기 때문에 간접적으로 그 존재를 보는 것이 가능하다.

람다 입자(Λ) 이외의 것을 가령 X라고 쓰면(X는 전기는 가지고 있지 않다),

$$p+K \rightarrow \Lambda+X$$

가 되고, 몇 번이고 실험을 되풀이하여 입자 X가 가지는 에너지의 제곱을 조사한다.

미국의 콜롬비아 대학에서는 발티를 수석으로 하는 연구 클럽이 6천 번이나 실험을 거듭하여 그 때마다 값을 기입해 다음 페이지와 같은 그림을 얻었다. 가로축은 10억 전자볼트(Bev 또는 Gev로 쓴다)를 단위로 하여 그것의 제곱의 값을 나타내고, 세로축은 그 에너지를 얻을 수 있었던 실험 횟수이다.

대부분이 플러스 쪽 0.2 정도부터 0.1 정도 사이에 집중해 있다. 이것은 필경 전기를 갖지 않은 파이 중간자(π^0)일 것이다.

람다 입자 이외의 것이 중성 타키온(t^0)이라면 에너지의 제곱(에너지라는 것은 실제로는 질량이다. $E=mc^2$에서 알 수 있듯이, 소립자론에서는 습관으로서 질량을 에너지 단위로 나타낸다)은 마이너스 쪽으로 오지 않으면 안 된다.

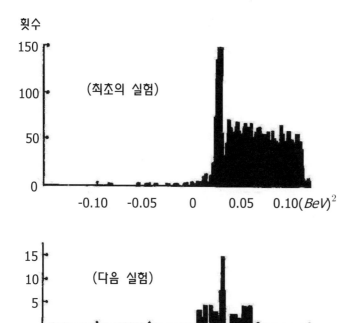

횟수

(최초의 실험)

$-0.10 \quad -0.05 \quad 0 \quad 0.05 \quad 0.10(BeV)^2$

(다음 실험)

$-0.10 \quad -0.05 \quad 0 \quad 0.05 \quad 0.10(BeV)^2$

$p+K^- \rightarrow \Lambda+(\text{missing mass})$

발터 등의 실험. 가로축은 잃어버린 질량(제곱), 세로축은 횟수

6천 번의 실험에서 마이너스 쪽에 다소의 데이터가 나와 있지만, 아무래도 이것은 실험의 오차 같다. 그 다음에 실시된 실험에서는 마이너스 쪽의 자료는 없어지고 결국 타키온의 실험에 관한 한, 현 단계에서 이것을 지지할 결론은 유감스럽지만 얻지 못했다.

재해석 원리

실험적으로는 아직 발견하지 못했지만, 이 정도의 정력을 기울여 타키온을 찾고 있다는 것은 역설인 듯하지만, 많은 실험가, 이론가는 마음 한 구석에서 초광속 입자의 존재를 믿고 있다는 것이 되는 것은 아닐까?

타키온을 믿는 이상은 입자가 과거를 향해 달린다는 것도 인정하는 것은 아닐까? 이 사람들은 딜레마에 빠져 머리를 싸매고 고민하는 것은 아닐까?

이 패러독스를 구하는 방법의 하나로 스달샹 등에 의해 구상되고 있는 재해석(再解釋) 원리(reinterpretation principle)라는 것이 있다.

확실히 어떤 좌표로부터 타키온의 운동을 관측하면 이것은 과거로 달리는 것이 된다. 단지 이 같은 울트라 루미날의 입자는 앞서 E와 p의 그래프에서 나타냈듯이 그 에너지는 마이너스이다. 그러니까 이 같은 경우에는 해석을 다시 하여,

『마이너스 에너지인 타키온이 시간의 역방향으로 진행하는 것은 실은 플러스 에너지인 타키온이 시간의 보통 방향으로 운동하는 것과 마찬가지 일이다.』

라고 하는 것이다.

객관적 사실에는 조금도 손대지 않고 해석만을 바꿔주어 앞뒤를 맞추는 것이다. A라는 보통입자는 처음에 에너지가 크고 B라는 보통입자는 에너지가 작다고 하자. 여기에서 타키온의 수수(授受)가 이루어지면, 최종적으로는 B의 에너지가 커지고 A가 작아지지만,

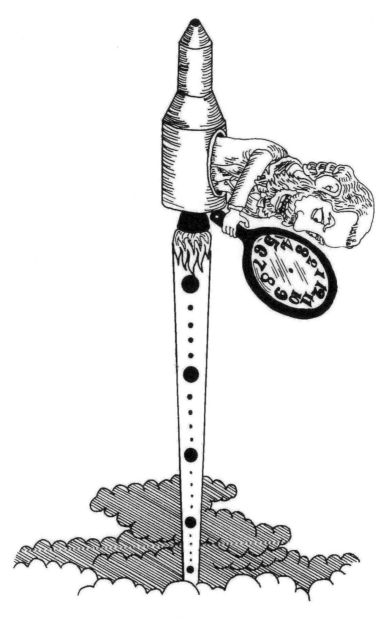

재해석 원리

이것을 좀 더 상세하게 검토해 보자.

가장 정상적인 현상은[(1)과 (2)는 시간의 순서],

 I. (1) A가 플러스 타키온을 방출

   (2) B가 플러스 타키온을 흡수

라고 되어야 하지만, 로렌츠 변환하여 다른 좌표계로부터 보면,

 II. (1) B가 마이너스 타키온을 흡수

   (2) A가 마이너스 타키온을 방출

이라는 식으로 방출 전에 흡수가 이루어져 버린다. 피처가 투구하기 전에 캐처가 공을 받는 꼴이 된다. 이래서는 이상하니까, II의 (1)과 (2)를 뒤집고, 거기다 마이너스를 플러스로 해서,

 III. (1) A가 플러스 타키온을 방출

   (2) B가 플러스 타키온을 흡수

라는 식으로 해석을 다시 하려 하는 것이다.

확실히 III은 I과 마찬가지이다. 이런 의미에서는 모순은 없지만 과연 재해석 원리로 관철시켜도 좋은 것일까? 사실 이 점에 대해서는 아직 확실치 않다.

예를 들면 II에서는 타키온의 비행 중에는 A도 B도 에너지가 크지만(마이너스 타키온이 중간에 있으니까), III에서는 방출에서 흡수 사이에서는 A도 B도 에너지가 작다. 이 두 가지 현상을 똑같다고 간주해도 좋은지 어떤지 모든 것은 앞으로의 연구에 떠넘겨질 문제이다.

매크로와 미크로는 본질적으로 다른 것인가?

타키온에 대해서는 정직하게 말해 현시점에서는 아직 거의 모르고 있다. 따라서 미크로의 세계에서 인과율이 파괴되는지 어떤지는 누구도 확신을 가지고 대답해 주지 않는다. 만약 인과율을 무시한다면 현재의 양자역학으로는 감당할 수 없을 것이다. 더욱이나 다른 이론체계, 이를테면 초양자역학 같은 것을 만들어내지 않으면 안 된다.

현실의 세계, 우리들이 지금 눈앞에 보고 있는 현상은 확실히 인과율의 지배를 받고 있다. 배트를 휘둘러야 공은 날아간다. 스위치를 넣어야 전등은 켜진다. 우스운 일이 있으니까 웃고, 슬픔에 처해야 사람은 눈물을 흘린다. 여기에 인과율 따위는 없다는 사람이 나타난다면 그는 정신병원행이다.

그러면 미크로(micro)와 매크로(macro) 사이에 구분선을 긋는 것이 있는 것일까? <PART 2>에 나오는 상자 속의 입자에서 입자의 개수가 많을 때에 한하여 전체적인 현상(상자 안의 부분적인 밀도)의 추이가 확인되었다. 이 경우 A(상자 한쪽에 분자가 치우쳐 있다)는 F(상자에 균등하게 분자가 퍼져 있다)의 원인이라고 말할 수가 있을까?

우리들이 알고 있는 인과율이라는 것은 만약 두 개의 분자가 서로를 향하여 다가가면(원인) 충돌하여 다시 떨어져 간다(결과)고

하는 것뿐이다. 이와 같이 생각해 가면 인과율이란 무엇을 말하는 것인가? 하는 문제로까지 되돌아가지 않으면 안 될지도 모른다.

입자의 수가 많을 때에 한하여, 또는 주목하는 체계가 어떤 크기 이상의 경우에만 원인으로부터 결과로의 확정적인 법칙이 적용된다는 것일까? 통계역학은 확률론을 사용하여 어느 정도 이 문제에 대답하고는 있지만, 이것도 엘고드 가설 같은 가정(假定)에 의지하는 경우가 많다. <PART 2>에 나오는 상자 속의 분자의 그림에서 F의 모든 분자를 반전시키면 A처럼 한쪽으로 치우치겠지만, 그 같은 일이 현실에서 일어나지 않는 것은 왜일까?

인과율의 문제는 매크로에서는 완벽하게 생각할 수 있지만, 미크로(그렇다고는 해도 원자 정도가 아니라 더욱 작은 소립자의 크기에서)의 영역이 되면 되풀이하여 이야기했듯이 약간 수상스러워지는 것이다.

반대로 양자역학은 전자 정도의 크기에서는 상당히 교묘한 기술 수단이지만, 이것을 그대로 매크로에 연관시키면 슈뢰딩거의 고양이처럼(양자역학에 충실히 따르면 고양이가 반은 죽고 반은 살아 있는 상태를 고려하지 않으면 안 된다) 이상스런 이야기가 떠올라온다.

미크로와 매크로는 질적으로 다른 무언가가 있는 것일까? 만약 그렇다면 양자(兩者)를 막연히(?) 연결하고 있는 현재의 양자역학은―그 위에 통계역학도―더욱 세련된 형태로 발전해 가지 않으면 안 될 것같이 생각되는데……

time paradox

에필로그
epilogue

Then what is man's so briffle life? —
The bugging of the flies that pass!

그렇다면, 인간의 눈 깜짝할 사이의 생(生)이란 무엇인가?
스쳐 지나치는 파리 나는 소리인가!

— 존 골즈워디(John Galsworthy)

규방의 아가씨

이런 말이 지금도 통용되고 있는지 어떤지 필자는 모른다. 만약 약간은 시대착오라고 한다면 무대를 불과 몇 십 년 전으로 옮겨도 좋다.

어느 지방이든 간에 당시에는 대도시 한복판에도 울창한 숲에 둘러싸인 드넓은 저택이 여기저기에 보였었다. 연못과 잔디가 있는 정원에 세워진 수려한 서양 건축물.

창 너머로 들여다보이는 서재에는 동서양의 문학 서적이 나란히 꽂혀 있다. 그 저택의 주인이 다소나마 호사가로 불리는 사람이라면 혹시 《타임머신》이라는 제목의 책도 그 안에 포함되어 있을지도 모른다.

세상의 거친 풍파에 노출되는 일 없이 자란 아가씨는 모든 지식을 이 서적들로부터 흡수하게 된다.

그녀가 상상하는 전원(田園)은 땀 흘려 농사짓는 밭 대신에 프랑스의 포도밭이고, 탈것으로는 거리를 달리는 버스가 아니라, 아름다운 꽃으로 장식한 멋진 말이 끄는 마차가 머리에 떠오른다.

소녀는 하얀 옷을 입고 꽃밭에서 놀고 있으며, 나타나는 남성은 모두가 귀공자가 아니어서는 안 된다.

이 저택에 땅 속에서 솟아오르듯 갑자기 남자 한 명이 출현한다. 복장은 이상스런―그렇다. 양복도 아니고 당시 유행하던 옷도 아니고, 그렇다고 해서 결코 노동자같이도 생각되지 않는다.

『어머, 도대체 어떻게 된 거죠, 당신은 누구세요?』

아가씨는 일순 당황한다.

『실례합니다, 아가씨. 결코 수상한 사람은 아닙니다. 놀라시는 것도 무리는 아니지만 당신은 믿어 주시리라 생각합니다. 저는 과학자입니다. 아가씨는 아시겠지요. 타임머신이란 기계가 있다는 것을? 그 타임머신을 조정하는 과학자입니다.』

『네, 타임머신이라고요?』

『그렇습니다. 왜 소설에 나오지 않습니까. 과거나 미래의 세계로 갈 수 있는 그 불가사의한 기계. 저는 그 기계를 가지고 있습니다. 저는 「시간의 여행자」입니다.

아가씨 같은 예쁜 분과 꼭 이야기를 하고 싶었습니다. 아시고 계시는 범위 내에서 상관없으시다면 지금의 이 도시, 지금의 이 나라에 대해 부디 들려주십시오.

이것이 피아노, 이것이 라디오군요, 그렇죠? 야! 멋진 응접실이군요. 여기에 앉아도 괜찮겠습니까?』

『네? 네, 괜찮습니다. 앉으세요!』

그는 천천히 주위를 다시 한 번 찬찬히 둘러본다. 아무래도 침착할 수 없어 안절부절못하던 그녀도 그야말로 신사적인 그의 태도에서 이윽고 냉정을 되찾는다.

『하지만 타임머신이라니, 마치 꿈만 같아요. 하지만 그런 게 진짜 있을까요? 미국 같은 부자 나라라면 돈을 들여 만들 수 있을지도 모르지만 당신은 우리나라 사람이겠지요?』

『물론이죠.』

『그렇다면 그 소설에 나오는 일들이 우리나라에서도 일어날 수 있다는 얘긴가요? 하지만 왠지 이상해요. 뭔가 잘못된 것 같아요. 네, 그렇죠? 여기는 과거도 미래도 아닌 현재예요. 당신은 아직 시간여행을 하고 있지 않은 거예요. 기계 고장인가? 빨리 관계자에게 말하지 않으면……』

『아니, 잠깐 기다리십시오, 아가씨. 실례입니다만, 잘못 아시고 계시는 것은 아가씨 쪽입니다. 아가씨는 자신을 중심으로 생각하고 계십니다. 우리는 성공했습니다. 저는 서기 2050년의 사람입니다. 그래서 몇 십 년 과거로 되돌아온 것입니다.

한번 생각해 보십시오, 아가씨. 지금의 시대는 하늘은 나는 것이라면 비행기나 로켓 정도겠지요. 우리나라는 물론 미국에서도 도저히 타임머신 같은 것을 만들 능력은 없습니다. 소설에는 나오지만, 어느 누구도 진심으로 만드는 일 따위는 생각도 하지 않았을 것입니다. 그러나 그 이후의 과학의 발달은 눈부신 것이었습니다. 완전히 비약적이라고 해야 할지 가속적(加速的)이라고 해야 할지 비행기든 잠수함이든, 또는 전차나 자동차라고 해도 옛날에는 꿈같은 이야기였겠지요.』

『정말 그렇군요. 요즘 같은 세상은 놀랄 만한 일뿐. 그렇다면 뭐예요, 우리나라도 장래 타임머신을 만들게 되는 건가요?』

『네, 저희로서 말하자면 근래 30년 정도 사이에 모든 공업의 힘을 동원하여―실험단계에서 몇 번이나 실패했습니다만―마침내 완성했습니다. 나는 과거의 우리나라에서 당시의 사람들이 무엇을 생각하고 무엇을 먹으며 어떤 것에 흥미를 가지고 있는지 하는 것을 조사하는 역할을 담당하고 있습니다.』

『네, 그렇군요. 당신은 그런 힘든 일을 하고 계시는군요. 그것은 참으로 머나먼 미래라고 하면 되는 건가요. 빨리 커피를 타야겠어요. 위스키도 있어요. 미래 손님의 입맛에 맞을지 모르겠네요.

잘 알겠어요. 제가 아는 한 무엇이든 말씀드리겠어요. 미래의 분과 만나다니 정말 생각도 못했던 일이에요.』

이렇게 해서 저택 안에서는 밤이 깊어가는 줄 모르고 젊은 남녀의 즐거운 이야기가 이어진다.

이 같은 줄거리가 이런 종류의 소설의 상투적인 수단이다. 그런데 이제부터 뒤를 어떻게 이어 갈까?

약간 평범하지만, 아가씨와 이 젊은이가 결혼한다는 식으로 봐도 될 것이다. 하지만 이 이야기는 SF가 아니라 단순한 코믹 스토리인 것이다. SF 같은 것을 역용(逆用)하고 있는 데 지나지 않는다.

젊은이는 미래인도 아무것도 아니다. 결혼하고 싶은 일념으로 짐짓 연극을 했을 뿐이다. 그러니까 속고 있는 아가씨 쪽은 『규방』에서 자라난 아가씨가 아니면 안 된다.

이렇게 해서 이야기의 마지막에서, 무언가의 계기로 젊은이가 사실을 고백하게 된다. 독자에게 한방 먹이고 이야기는 끝난다.

하나의 증명

분문에서도 기술했듯이, 타임머신이라는 것에는 본질적인 모순이 수반된다. 그러니까, 그렇지는 않겠지만, 이야기를 진행시키는데 곤란하니까 이런 역설적인 형태의 스토리가 유형화된 것인지도 모른다.

예를 들면, 미국의 인기 작가 프레드릭 브라운 등도 《검둥이의 광언(狂言)》이라는 제목으로 이런 유의 단편을 쓰고 있다.

흑인과의 혼혈아가 백인 아가씨와 결혼하고 싶은 나머지 미래인인 척하는 것인데, 이 가짜 미래인은 열변을 토한다.

그는 4천 년 후의 미래에서 온 것으로 되어 있는데, 이 세상에 큰 전쟁이 일어나 그 후의 시대에는 세계의 인종이 하나로 융합한다고 하는 것이다. 백인과 황색 인종이 서로 죽이고 있는 동안에 얼마간 흑인이 세계를 제패하는데, 이윽고 모든 민족이 인종에 구애 없이 결혼해 흑백 할 것 없이 화합하여 그 미래인의 시대에는 피부색이 모두 같아져 버린다는 설명이다.

이렇게 해서 결혼에 성공하지만, 마침내 여자의 오빠와 보안관에게 정체가 발각나게 된다.

현대의 인간이 과거나 미래로 가는 것은 충분히 즐겁고 재미있는 이야기는 되겠지만, 미래인이 현재로 찾아온다는 것은 아무래도 희극이 되어버린다. 과학이나 기술은 앞으로도 끊임없이 발달할 것이다. 그 때문에 미래의 세계에서는 우리들이 예상도 하지 못했던 기계가 발명되고 생각조차 못했던 사태가 발생할지도 모른다.

그러나 타임머신이 발명된다면 그 시대의 사람은 과거를 탐구하려고 현대(즉 오늘날)나 더욱 고대(백 년, 2백 년 또는 천 년, 2천 년 전의 시대)로 사람을 보낼 것이 틀림없다. 그러나 우리들은 미래인이 나타났다는 이야기는 듣지 못했고, 과거 문헌에도 그런 것은 실려 있지 않다.

그러므로 타임머신은 미래라고 할지라도 존재하지 않는다는 논지는 이상한 것일까? 어쩌면 실제로 미래인이 있었는데도 아무도 눈치 채지 못했다는 것일지도 모르지만.

공간과 시간의 혼란

다음 페이지의 세 개의 모래시계 그림을 보아주기 바란다. 순서에 의해 Ⅰ, Ⅱ, Ⅲ과 같이 되어 간다고 한다면 이것은 이상하다.

그런 일이 세상에 존재할 리가 없다. 그렇다면 어디가 잘못되었는가? 해석은 두 가지다.

(1) 순서가 거꾸로 되어 있다. 즉 시간의 순서대로 바르게 늘어 놓으면, Ⅲ, Ⅱ, Ⅰ이 되지 않으면 안 된다.

(2) 시간의 순서는 바른 것이지만, 하나하나의 모래시계가 모두 뒤집혀서 그려졌다.

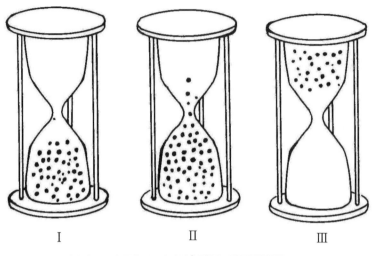

순서가 거꾸로인가, 상하(上下)가 거꾸로인가?

적어도 이 그림에 관한 한, (1)이라도 (2)라도 상관없다. 그 이유는 시간의 반전과 중력장(重力場)의 방향의 반전(즉 공간 속의 하나의 방향의 반전)과는 완전히 동등하다는 식으로 되기 때문이다. 그렇다면 시간이라는 것은 본질적으로 역시 공간 속의 하나의 차원과 같은 것인가?

다시 등장하는 매크로와 미크로

그러나 독자 여러분은 속아서는 안 된다. 세 개의 모래시계는 그림이 약간 조잡했던 관계로 일어난 혼란이지, 그림을 충분히 정성스럽게 그린다면 이런 의문은 발생하지 않는다. 즉 모래시계 Ⅱ를 확대해 보아 그것이 만약 A처럼 되어 있다면 이것은 상하가 바른 것이다(따라서 Ⅰ, Ⅱ, Ⅲ의 순서가 반대). 만약 Ⅱ의 그림이 B처럼 그려져 있다면 이것은 완전히 그림을 거꾸로 그려버린 것이고, 시간의 순서는 바르다. 이처럼 정확하게 그리면 시간과 상하의 구별은 분명한 것이다.

그림을 정확하게 그리면…… 그림 A는 상하가 바르게 그려졌고, 그림 B는 상하가 반대이다.

A   B

여기서 『정확히 그린다』는 것을 좀 더 깊이 생각해 주기 바란다. 이 경우 정확하다는 것은, 많이 있는 모래알의 위치를 바르게 그리는 것이다. 모래알이 많이 있기 때문에 A에서는 상하가 바르고 B에서는 거꾸로 되었다는 것이 판명된다.

그렇다면 가령 모래알이 하나밖에 없다고 하면 어떨까? 모래알은 작아서 보기 힘들다면 야구공이라도 좋다. 단 한 개의 공이 순서에 따라 점차 위로 올라가는 그림이 있다고 하자. 이때에는 아무리 그림을 정확하게 그려도 상하가 거꾸로인지 시간이 거꾸로인지 구별할 수가 없다.

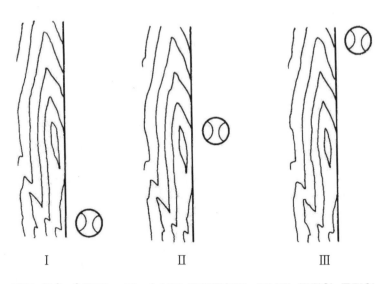

Ⅰ	Ⅱ	Ⅲ

기둥 옆을 움직이는 공. 순서가 거꾸로인가, 아니면 각각의 그림의 상하가 거꾸로 되어 있는가?

이 정도만으로 느닷없이 결론을 내리는 것은 너무 비약적인지는 모르지만, 본문에서도 언급했듯이, 열역학(熱力學) 제2법칙을 중심으로 하는 이른바 매크로적 의미에서의 자연법칙은 많은 입자들로 이루어진 물체(인간이나 자동차 또는 공기의 압력 같은) 사이에는 엄연히 존재하는 것이지만(마치 A와 B의 모래시계를 구분하는 것이 가능하듯), 소립자의 세계에서는 보통상식이 통용되지 않는다고도 말할 수 있을 것이다. 타임머신은 기계이기 때문에 인과율의 모순으로 인하여 존재할 수 없지만, 소립자의 세계에까지 인과율을 적용시키지 않으면 안 되는 것인지 어떤지 커다란 의문이다.

소립자의 세계

도모나가와 함께 노벨상을 수상한 미국의 파인맨은, 이른바 파인맨의 그림이라는 것을 그려 그 그림을 실마리로 하여 소립자 세계의 이론적 연구를 실시했다. 파인맨의 그림은 세로축이 시간이고, 아래가 과거, 위가 미래로 되어 있으며, 아래 그림은 그 가장 간단한 경우의 하나이다. I→Q 와 P→F는 전자의 궤적(軌跡), P→Q는 양전자의 궤적을 나타낸다.

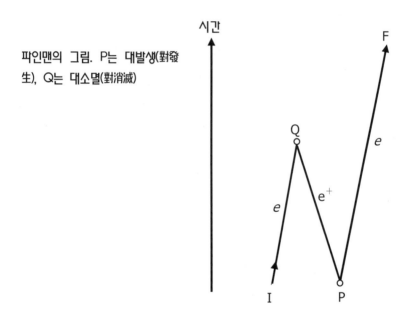

파인맨의 그림. P는 대발생(對發生), Q는 대소멸(對消滅)

P점은 대발생(對發生)이라고 하여 전자와 양전자가 한 쌍이 되어 이루어진 것을 나타내고, Q는 입자와 반입자(反粒子)가 충돌해 소멸해 버리는 곳인 대소멸(對消滅)이다.

하지만 이 그림을 다음과 같이 해석하는 것도 가능하다. 하나의 전자가 I로부터 Q로 가 여기에서 양전자로 바뀐다. 이것이 Q에서 P로 달려 재차 전자로 변화해 F에 이른다. 즉 이 꺾인 선을 하나의 입자의 궤적이라고 생각하는 것이다.

이 때 양전자는 Q에서 P, 즉 미래로부터 과거를 향해 달리는 것이 되는데, 식 안에서 그렇게 취급해도 지장이 없는 것이다. t를 마이너스 t로 하여 식을 정립해도 모순은 발생하지 않는다.

야구공의 그림에서 두 가지 해석이 가능하듯, 소립자에 관한 연구가 될지라도 이러한 구상은 당당히 통용된다.

그렇다면 미래에서 과거로 달린다는 것은 어떤 것인가? 더욱 알기 쉬운 예를 들어 설명하라고 해도 어떻게 할 방법이 없다. 우리들이 일상생활에서 눈으로 보는 것은 모두 매크로인 물체이고(즉 많은 입자의 집합이고), 그 같은 거대한 세계에서는 그런 이상스런 일은 일어나지 않으니까.

윌러의 생각

앞의 그림이 하나의 입자의 궤적이라고 해석되는 것으로부터 미국 프린스턴 대학의 윌러는 더욱 기발한 구상을 했다.

파인맨의 그림에 주목하자. 현재라는 순간은 위의 그림에서 하나의 수평선으로 나타나는데, 이 세계에는 입자도 반입자도 충분히 있으니까, 그것을 가로축 위에 늘어놓아 본다.

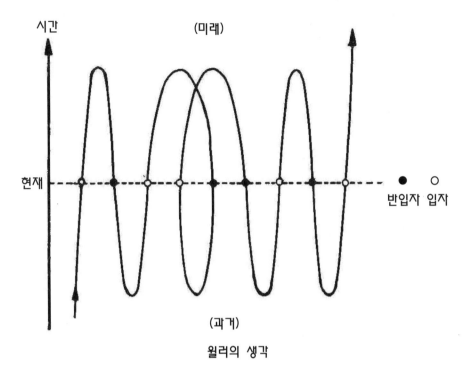

월러의 생각

　그리고 과거(즉 그림의 아래쪽)로부터 하나의 선을 당겨와 이 선이 입자 쪽에서는 아래에서 위로 통과하고, 반입자 쪽에서는 위에서 아래로 교차해 가도록 그린다. 입자와 반입자의 수가 거의 같다면 모두가 하나의 선으로 그려져 버릴지도 모른다(그림처럼 만약 입자의 수가 반입자보다 한 개 많으면 처음에 아래에서 올라온 선이 마침내 위로 달려간다).

　즉 이 세상에는 언뜻 보면 수많은 입자가 있는 듯이 보이지만, 실은 하나의 입자밖에 없는 것이다라는 해석도 가능해지고 만다.

　만약 반입자 쪽이 많이 있다면, 처음에 곡선은 위에서 내려오고 마지막에는 아래를 향하게 된다. 아래 그림은 1의 경우도 2의 경우도 반입자 쪽이 많은 경우인데, 수가 같더라도 1과 2를 비교하여 알 수 있듯이, 각각의 곡선을 긋는 방법은 반드시 하나라고 정해져 있는 것은 아니다.

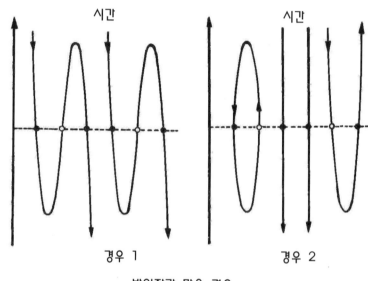

반입자가 많은 경우

물론 이 같은 것은 단순한 그래프 장난에 지나지 않을 것이다. 그러나 결론으로서 말할 수 있는 것은 입자가 많이 있다는 것은 입자 하나의 궤적이 복잡하다는 것으로 바꾸어 생각할 수가 있다는 것이다. 즉 어느 현상이 거기에 있다고 해도 이것을 해석하는 데는 여러 가지 방법이 있는 것이다.

윌러의 그림처럼 바꾸어 그려 보면 먼 과거나 먼 미래에는 과연 어떻게 되어 있을까. 그림처럼 상당히 적은 입자밖에 존재하지 않

242

앉았었는데 하는 의문도 발생한다.

유감스럽지만 우주의 끝이 어떻게 되어 있는지 아무도 모르는 것과 마찬가지로 시간의 끝에 대해서도 우리들은 아무런 지식도 갖추지 못하고 있다. 무한의 과거라든가, 무한의 미래는 소립자론에서는 중요시하지 않으면 안 되는 개념이기는 하지만, 식을 만드는 경우에는 그 곳에는 서로 간섭하지 않는 입자(물리에서는 이것을 상호작용이 없는 체계라고 부르고 있다)가 있다고 가정하고 있을 뿐인 것이다

초광속 입자의 존재, 나아가서는 그것으로부터 이끌어내어지는 미크로적인 의미에서의 인과율의 붕괴는 어쩌면 사실인지도 모르지만, 현 시점에서는 수수께끼라고밖에 말할 방법이 없다. 그러나 이것과 병행하여 이 세상에는 아직도 풀리지 않고 남아 있는 문제 ―이를테면 무한한 과거나 미래에서의 사건―가 남아 있는 것이다.

사살 사건과 재해석 원리

입자 A로부터 타키온이 튀어나와 입자 B에 흡수된다. 하지만 본문에서 기술했듯이, 이것을 빨리 달리는 사람이 본다면 처음에 B가 타키온을 흡수하고 그 후에 A가 방출하는 것이 된다. 이것은 어떻게 생각하더라도 이상한 일이기 때문에 재해석 원리가 탄생한다.

빠르게 달리는 사람으로부터 보면 이 경우의 타키온의 에너지는 마이너스이다. 과거로 향하는 마이너스 타키온은 미래로 달리는 플

러스 타키온처럼 고쳐 해석한다. 그렇게 하면 B가 타키온을 방출하고 그 후에 A는 타키온을 흡수하게 되어 일단 이치에는 맞는다.

이런 경우에 한해서는 모순이 사라진 듯하지만, 만약 이것이 보안관이 갱을 사살한 사건과 비교해 보면 이야기가 이상해져 버린다.

정지해 있는 사람이 보면 보안관이 초광속 탄환을 쏘고 갱이 죽는다. 달리고 있는 관측자에게는 갱의 죽음이 먼저이고 보안관의 발사가 나중이다. 만약 여기서 재해석 원리를 사용하면 실은 총알은 갱 쪽에서 날아가 보안관이 그것을 맞는다는 것이 된다.

전후의 관계는 그렇다고 쳐도 쏜 사람이 죽고 맞은 사람은 팔팔하게 살아 있다는 것은 도대체 어떻게 해석할 것인가? 미리 보안관이 품고 있던 사살하려고 했던 의지는 어떻게 되어버린 것인가? 살의를 가지고 방아쇠를 당긴다는 것은 결국은 피격당한다고 하는 전제인가(이 경우 총을 가지고 있는 것은 죽은 사람뿐이라고 이야기를 진행시켜도 상관없다)?

입자로부터의 타키온의 방출이나 흡수처럼 아주 적은 수의 입자가 관계되는 경우와, 인간이라든가 총과 같은 매크로적인 것과는 이야기가 다르다. 그러니까 미크로의 법칙을 매크로에 적용시켜서는 안 된다는 것이 이 모순에 대한 순수한 판단일 것이다.

여러 가지 예를 들어 되풀이하여 기술해 온 문제점, 즉 극미의 세계와 눈에 보이는 거대한 현상 사이가 아무래도 시원스럽게 통하지 않는 것은 역시 양자(兩者)를 연결하는 이론체계가 완성되어 있지 못하다는 것은 아닐까?

앞으로의 과제로서 궁극의 입자를 기술하는 수학적 수단과 각각의 입자로부터 전체의 움직임을 이끌어내는 통계적 방법에 큰 기대가 걸려 있다는 것을 다시 한 번 강조해 둔다.

결 말

초광속 입자는 존재하는가, 하는 문제가 이 책의 포인트이다. 그리고 결론은 상대론이라고 할지라도 초광속을 부정하는 것은 아니다, 라는 것이었다.

그럼 상대론에서는 왜 그처럼 빛의 속도에 중요한 역할을 부여하고 있는 것일까?

상대론에서는 동시각(同時刻)이라는 개념이 중요하며, 동시각을 정하는 수단으로서 빛에 의한 신호를 사용하는 것뿐이다. 그렇게 하여 이같이 광속도를 중심으로 한 결정 방법을 실시하면 맥스웰에 의해 만들어진 전자방정식(電磁方程式 : 이것은 전기나 빛에 대한 학문의 기초가 되는 것이다)을 그대로 이용할 수 있기 때문이다.

전파나 태양 같은 발열체로부터 나오는 열도 빛과 마찬가지 속도로 나아간다라고 하는 사항이 빛의 속도를 기초로 한 아인슈타인의 이론을 매우 가치 있는 것으로 만들고 있다.

그렇다면 광속도를 기초로 하는 이론ㅡ즉 상대성이론ㅡ은 빛이나 전자기(電磁氣)의 현상에 한하여 위력을 발휘하는 것일까?

현 단계에서는 일단은 그렇다(예를 들면 소리의 학문에서는 소리의 속도가 기본이 된다). 그러나 발광체로부터 빛이 광속으로 달려가는 것과 마찬가지로 질량을 가진 물체로부터는 중력(사물을 잡아당기려는 경향)의 작용이 역시 광속도로 달려가는 것이라고 생각할 수 있다.

그런 점에서 아인슈타인은 빛도 중력도 총괄하여 모두를 상대론적인 기초의 바탕 위에서 자연현상을 구상하려고 꾀했었다. 이것을 통일장(統一場)의 이론이라고 하며, 아인슈타인은 이 연구를 필생 사업(life work)으로 했지만, 유감스럽게도 완성을 보지 못하고 타계했다.

인간은 눈으로 빛을 보고 귀로 소리를 듣는다. 만약 인간에게 이것들과 다른 감각이 존재해 그 감각에 의해 특수한 신호를 수취할 수가 있다고 한다면―그래서 그 신호가 빛이나 전자파와 마찬가지로 우리들 생활에 깊이 관계하는 것이라면―어쩌면 자연현상을 기술하는 학문은 상대론과는 전혀 다른 형태로 완성되었을지도 모른다.

전자파든 빛이든 결국은 인간에게 감지되고 나서야 의미를 갖는 것이다. 그것을 지각(知覺)하는 인간이 없다면 상대론이나 자연과학 일반은 도대체 어느 정도의 의의를 가질 것인가?

원자의 세계와 우주의 끝을 문제 삼을 때, 걸핏하면 이론은 인간을 벗어나 분방하게 움직이는 듯이 보이지만, 사실 밑바닥에는 항상 인간의 의지와 그 작용이 있는 것이다. 사고하는 인간의 신체는 소립자를 연구하기에는 너무나 크고 광대한 우주의 존재와 비교하면 모래알에도 미치지 못하는 것이지만, 그 자연계를 밝혀내는 인간의 사색이 있고 나서야 상대론도 소립자론도 비로소 가치를 지니게 되는 것이다.

극미의 세계에서는 인과관계조차도 의문시되듯이 되어 왔지만, 그 같은 불가사의한 자연에 마음을 빼앗기면서도 항상 자신의 허점을 비추어 보는 것을 잊어서는 안 된다.

— 끝 —